漢律輯存合校

程子此編致力久而取材博爲究心漢法者所不可廢他日薛書復出沈書刊行併此而三其有功於律學者爲何如也已未仲春汾陽王式通

〔清〕薛允升 輯録
張忠煒 點校

本書是中國人民大學科學研究基金重大項目
（23XNL008）資助的階段性成果

「中研院歷史語言研究所」藏

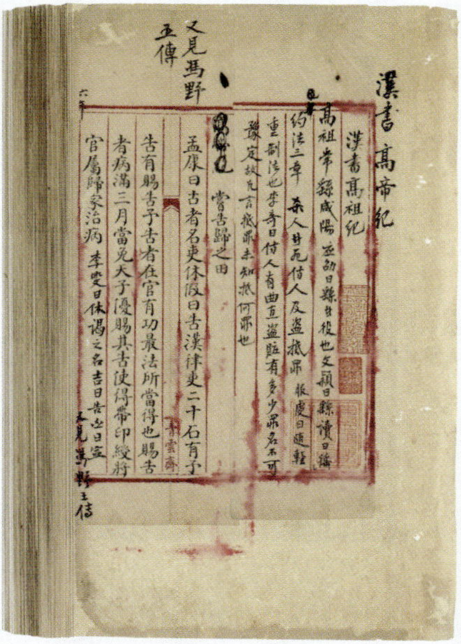

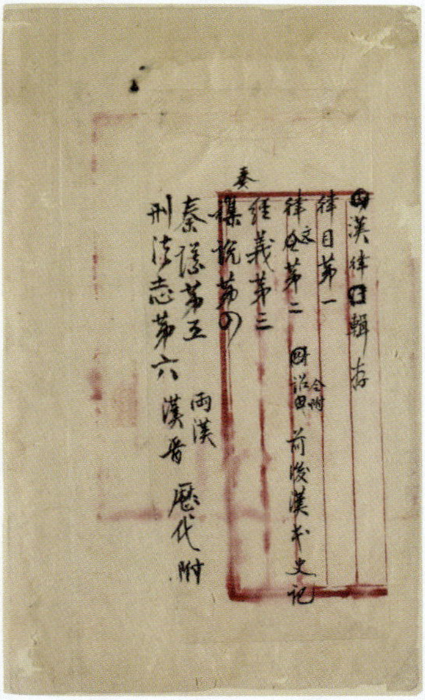

彩版壹：一

漢王屯滎陽蕭何發關中老弱未傅者悉
詣軍
孟康曰古者二十而傅三年耕有一年儲故二十
三而後役之如淳曰律年二十三傅之疇官各從
其父疇學之漢儀注云民年二十三為正一歲為
衛士一歲為材官騎士習射御騎馳戰陣又曰年
五十六衰老乃得免為庶民就田里今老弱未嘗
傅者皆發之未二十三為弱過五十六為老師古
曰傅著也言著名籍給公家徭役也
景帝二年令男子年二十始傅

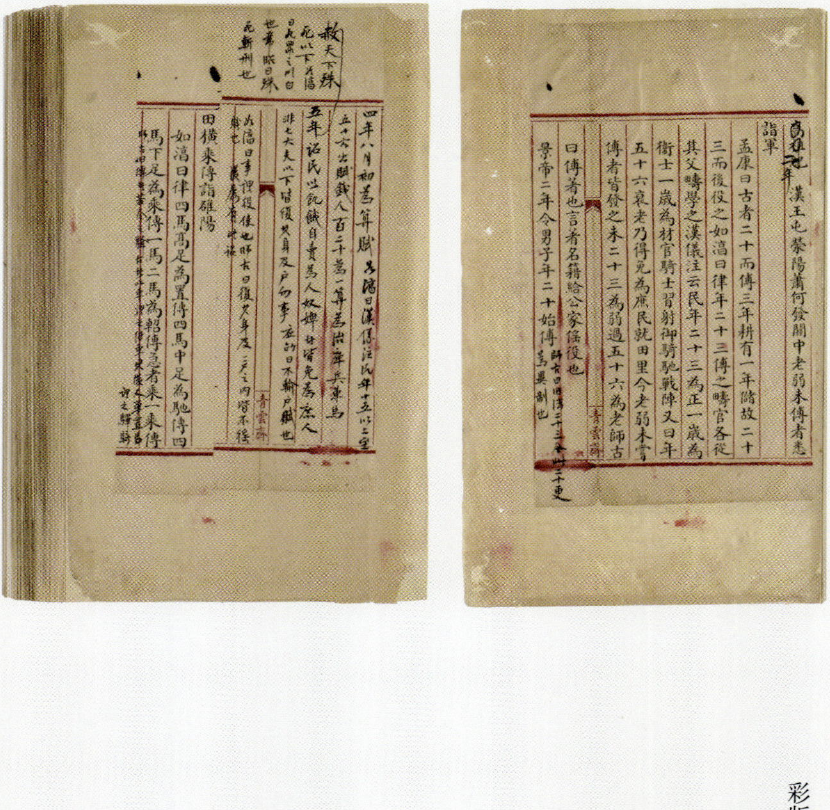
四年八月初為算賦　聯　名滿曰漢儀注民年十五以上至
五十六出賦錢人百二十為一算為置庫兵車馬
五年詔民以飢餓自賣為人奴婢者皆免為庶人
田橫乘傳詣雒陽
如淳曰律四馬高足為置傳四馬中足為馳傳四
馬下足為乘傳一馬二馬為軺傳急者乘一乘傳

彩版壹：二

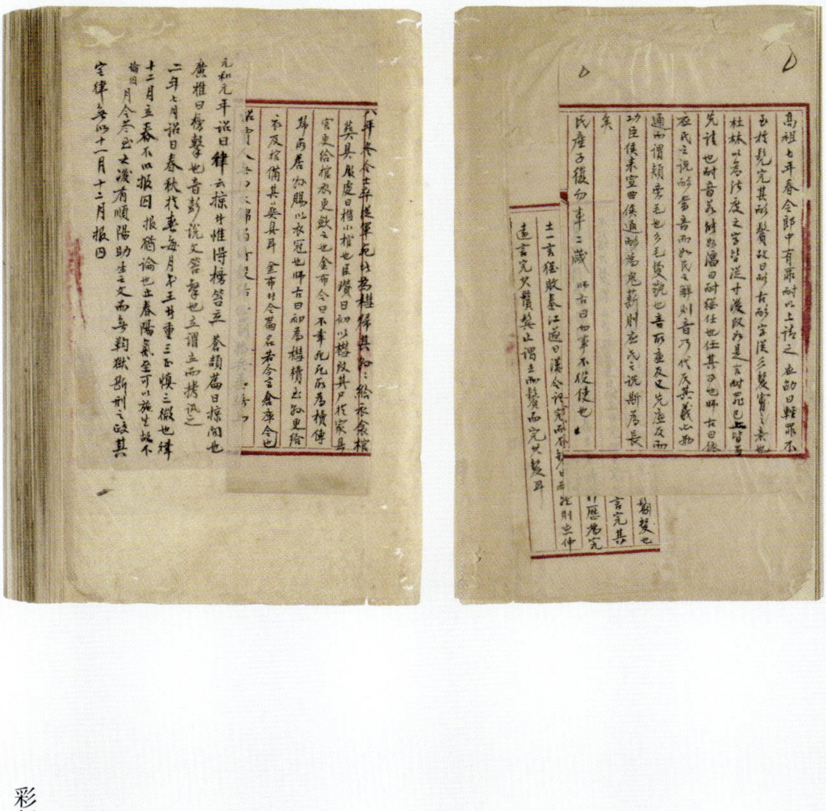
高祖七年春令郎中有罪耐以上請之
氏產子後勿事二歲
元和元年詔曰
二年七月詔曰春秋於春每月書王
宗律無以十一月十二月報囚

彩版壹：三

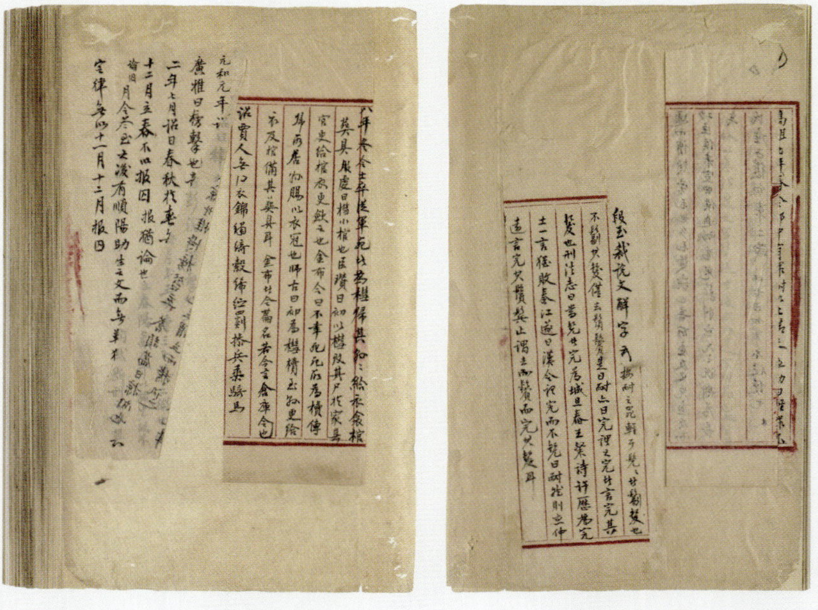

彩版壹：四

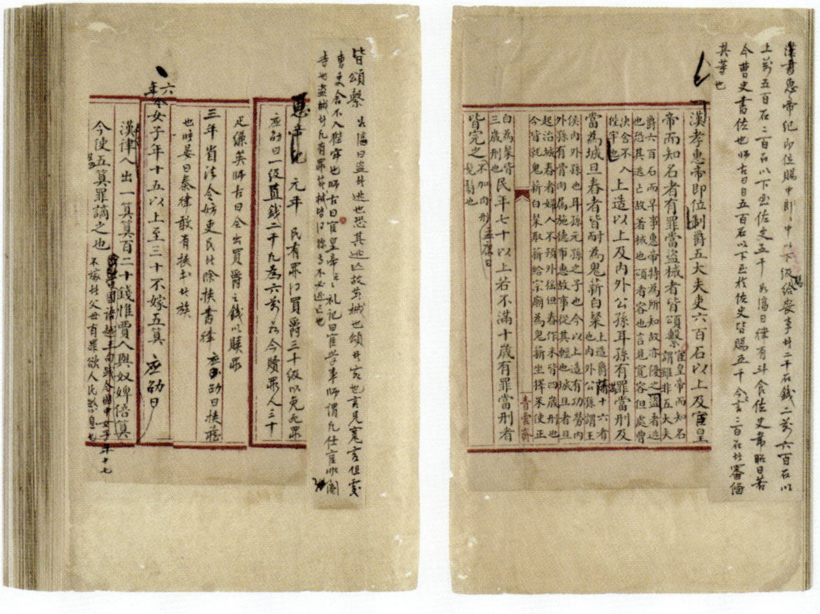
漢孝惠帝即位制爵五大夫吏六百石以上及宦皇
帝而知名者有罪當盜械者皆頌繫
上造以上及內外公孫耳孫有罪當刑及
當為城旦舂者皆耐為鬼薪白粲
民年七十以上若不滿十歲有罪當刑者
皆完之
皆頌繫
惠帝紀
元年
民有罪得買爵三十級以免死罪
三年省法令妨吏民者除挾書律
六年
女子年十五以上至三十不嫁五算
漢律人出一算算百二十錢唯賈人與奴婢倍算
今使五算罪謫之也

彩版壹：五

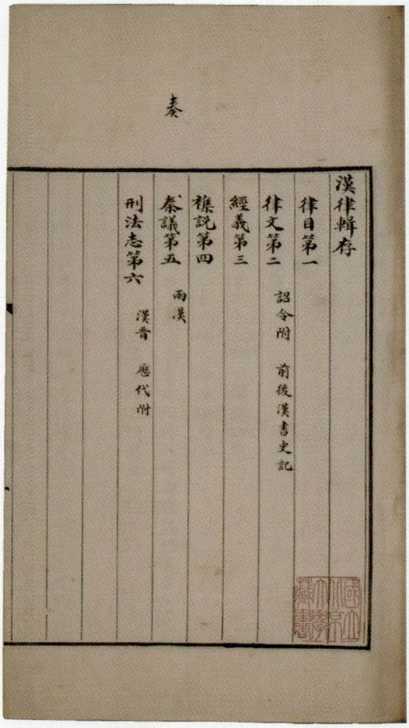

奏

漢律輯存

律目第一
律文第二　詔令附　前後漢書史記
經義第三
襍說第四
奏議第五　兩漢
刑法志第六　漢晉　歷代附

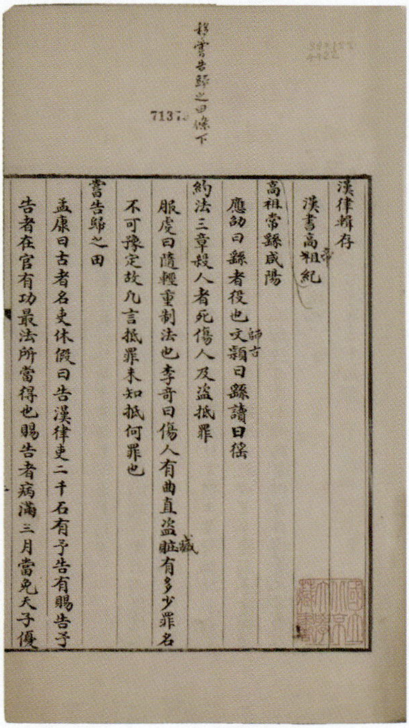

移書告歸之田條下

71373

漢律輯存

漢書高祖帝紀

高祖常繇咸陽

應劭曰繇者役也文穎師古曰繇讀曰傜

約法三章殺人者死傷人及盜抵罪

服虔曰隨輕重制法也李奇曰傷人有曲直盜臧贓有多少罪名不可豫定故凡言抵罪未知抵何罪也

書告歸之田

孟康曰古者名吏休假曰告漢律吏二千石有予告有賜告予告者在官有功最法所當得也賜告者病滿三月當免天子優

彩版貳：二

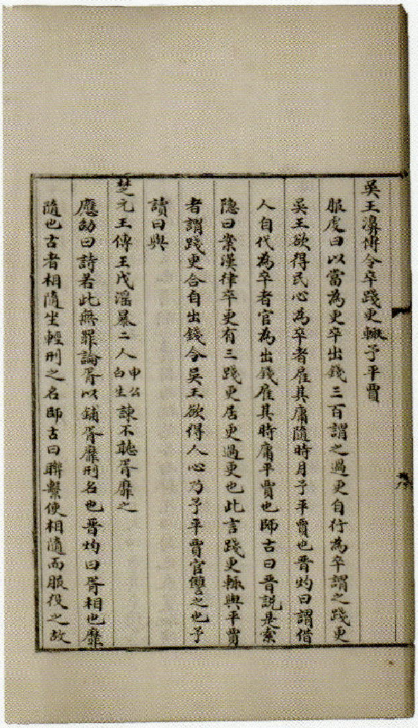

吴王濞傳令卒踐更輙予平賈
服虔曰以當為更卒出錢三百謂之過更自行為卒謂之踐更
吴王欲得民心為卒者雇其庸隨時月予平賈也晉灼曰謂借
人自代為卒者官為出錢雇其時庸平賈也師古曰晉說是索
隱曰案漢律卒更有三踐更居更過更也此言踐更輙與平賈
者謂踐更合自出錢今吴王欲得人心乃予平賈官讐之也予
讀曰與
楚元王傳王戊淫暴二人申公白生諫不聽胥靡之
應劭曰詩若此無罪論胥以鋪胥靡刑名也晉灼曰胥相也靡
隨也古者相隨坐輕刑之名師古曰聯繫使相隨而服役之故

謂之胥靡猶今之役囚徒以鎖聯綴耳晉說近之而云隨坐輕

刑非也

衣之赭衣使杵臼　舂於市

晉灼曰高肱舉杵正身而舂之師古曰　木杵而手舂即今所

謂步臼者耳非碓臼也

德為宗正丞襍治劉澤詔獄

師古曰襍謂以他官共治之也

子安民每行京兆尹事多所平反罪人

蘇林曰反音幡幡罪人辭使從輕也

楚元王傳劉德子向坐鑄偽黃金當伏法

彩版贰：四

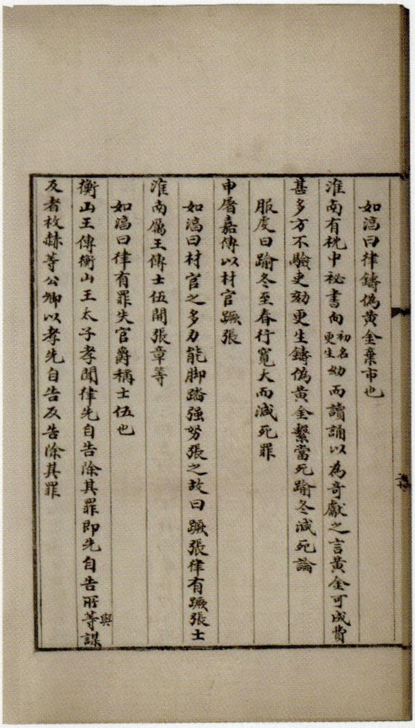
如淳曰律鑄偽黃金棄市也
淮南有枕中秘書向（初名更生）幼而讀誦以為奇獻之言黃金可成費
甚多方不驗吏劾更生鑄偽黃金繫當死踰冬減死論
服虔曰踰冬至春行寬大而減死罪
申屠嘉傳以材官蹶張
如淳曰材官之多力能腳蹋強弩張之故曰蹶張律有蹶張士
淮南厲王傳士伍開章等
如淳曰律有罪失官爵稱士伍也
衡山王傳衡山王太子孝聞律先自告除其罪即先自告所與等謀
反者枚赫等公卿以孝先自告反告除其罪

彩版貳：五

彩版贰：六

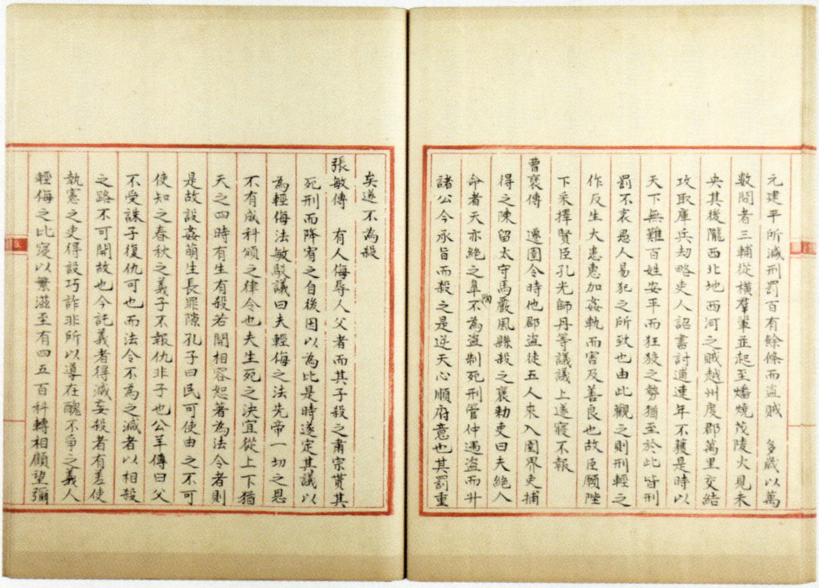

元建平所減刑罰百有餘條而盜賊　多歲以萬
數聞者三輔從横羣輩並起至燔燒茂陵火見未
央其後隴西北地西河之賊越州度郡萬里交結
攻取庫兵劫略吏人詔書討逋連年不獲是時以
天下無難百姓安平而狂狡之勢猶至於此皆刑
罰不衷愚人易犯之所致也由此觀之則刑輕之
作反生大患惠加姦軌而害及善良也故臣願陛
下采擇賢臣孔光師丹等議議上遂寢不報
曹褒傳　遷圉令時他郡盜徒五人來入圉界吏捕
得之陳留太守馬嚴風縣殺之褒勑吏曰夫絶人
命者天亦絶之皐陶不為盜制死刑管仲遇盜而升
諸公今承旨而殺之是逆天心順府意也其罰重

矣遂不為殺
張敏傳　有人侮辱人父者而其子殺之肅宗貰其
死刑而降宥之自後因以為比是時遂定其議以
為輕侮法敏駮議曰夫輕侮之法先帝一切之恩
不有成科頒之律令也夫生死之決宜從上下猶
天之四時有生有殺若開相容恕著為法令者則
是故設姦萌生長罪隙孔子曰民可使由之不可
使知之春秋之義子不報仇非子也公羊傳曰父
不受誅子復仇可也而法令不為之減者以相殺
之路不可開故也今託義者得減妄殺者有差使
執憲之吏得設巧詐非所以導在醜不爭之義又
輕侮之比寖以繁滋至有四五百科轉相顧望彌

「關西大學内藤文庫」藏

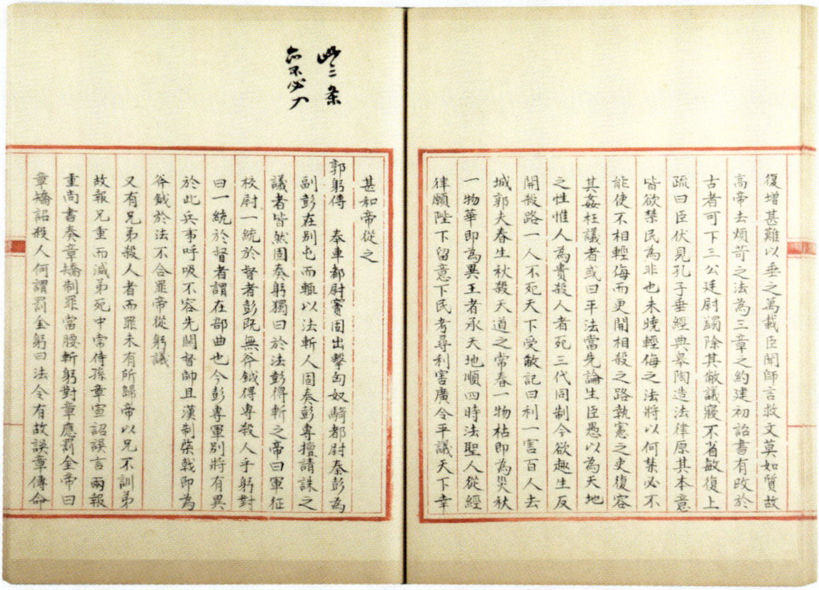

復增甚難以垂之萬載臣聞師言救文莫如質故
高帝去煩苛之法為三章之約建初詔書有改於
古者可下三公廷尉蠲除其敝議寢不省敏復上
疏曰臣伏見孔子垂經典皋陶造法律原其本意
皆欲禁民為非也未曉輕侮之法將以何禁必不
能使不相輕侮而更開相殺之路執憲之吏復容
其姦枉議者或曰平法當先論生臣愚以為天地
之性惟人為貴殺人者死三代同制今欲趣生反
開殺路一人不死天下受敝記曰利一害百人去
城郭夫春生秋殺天道之常春一物枯即為災秋
一物華即為異王者承天地順四時法聖人從經
律願陛下留意下民考尋利害廣令平議天下幸
甚和帝從之
郭躬傳　奉車都尉竇固出擊匈奴騎都尉秦彭為
副彭在別屯而輒以法斬人固奏彭專擅請誅之
議者皆然固奏躬獨曰於法彭得斬之帝曰軍征
校尉一統於督者彭既無斧鉞得專殺人乎躬對
曰一統於督者謂在部曲也今彭專軍別將有異
於此兵事呼吸不容先關督帥且漢制棨戟即為
斧鉞於法不合罪帝從躬議
又有兄弟殺人者而罪未有所歸帝以兄不訓弟
故報兄重而減弟死中常侍孫章宣詔誤言兩報
重尚書奏章矯制罪當腰斬躬對章應罰金帝曰
章矯詔殺人何謂罰金躬曰法令有故誤章傳命

彩版叁：二

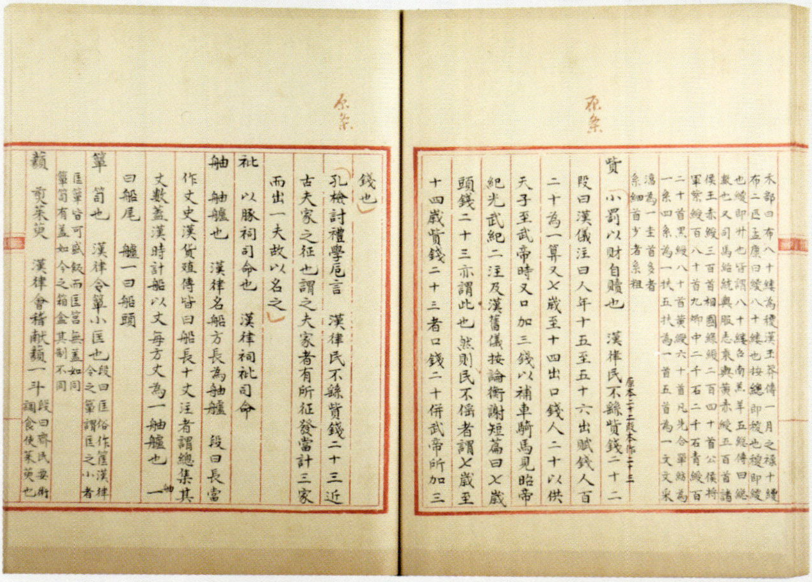
原条
木部曰布八十縷為稯漢王莽傳一月之祿十稯
布二匹孟康曰稯八十縷也按總即稯也稯即稯
也稯即升也皆謂八十縷合南羔羊五總傳曰總
數也又司馬紹統輿服志乘輿黃赤綬五百首諸
侯王赤綬三百首相國綠綬二百四十首公侯將
軍紫綬百八十首九卿中二千石二千石青綬百
二十首黑綬八十首黃綬六十首凡先合單紡為
一系四系為一扶五扶為一首五首為一文文采
淳為一圭首多者系細首少者系粗
貲 小罰以財自贖也 漢律民不繇貲錢二十二
原本二十二段本作二十三
段曰漢儀注曰人年十五至五十六出賦錢人百
二十為一算又七歲至十四出口錢人二十以供
天子至武帝時又口加三錢以補車騎馬見昭帝
紀光武紀二注及漢舊儀按論衡謝短篇曰七歲
頭錢二十三亦謂此也然則民不傜者謂七歲至
十四歲貲錢二十三者口錢二十併武帝所加三
原条
錢也
孔檢討禮學卮言 漢律民不繇貲錢二十三近
古夫家之征也謂之夫家者有所征發當計三家
而出一夫故以名之
祉 以豚祠司命也 漢律祠祉司命
舳 舳艫也 漢律名船方長為舳艫 段曰長當
作丈史漢貨殖傳皆曰船長十丈注者謂總集其
丈數蓋漢時計船以丈每方丈為一舳艫也 一舳
曰船尾 艫一曰船頭
箄 笥也 漢律令箄小匡也 段曰匡俗作筐漢律令之箄謂匡之小者
匡箄皆可盛飯而匡宮無蓋如同 箄笥有蓋如今之箱盒其制不同
蘱 貢菜萸 漢律會稽獻蘱一斗 段曰齊民要術調食使菜萸也

彩版叁：三

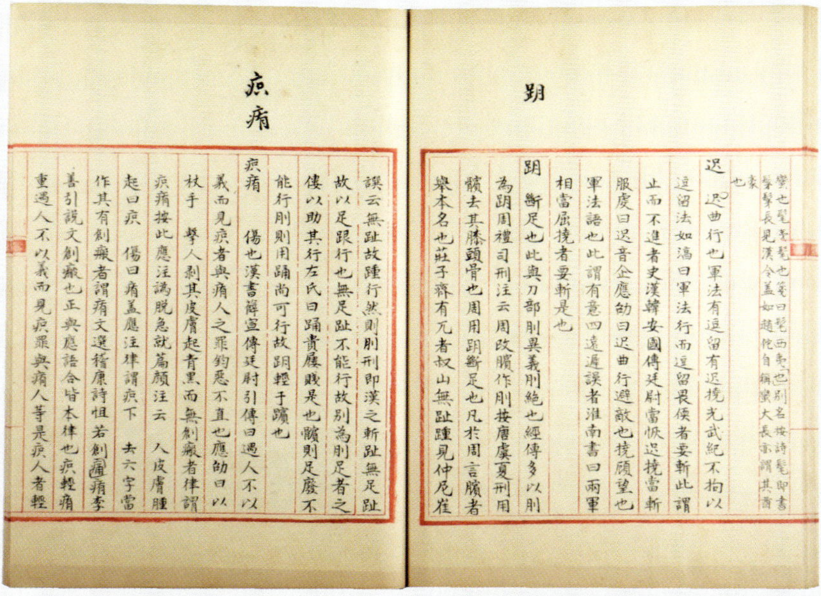

跀

蠻也髦髳髦也箋曰髦西夷也別名按詩髦即書髳髳長見漢令蓋如趙佗自稱蠻大長亦謂其酋豪也

迟　迟曲行也軍法有逗留有迟橈光武紀不拘以
逗留法如淳曰軍法行而逗留畏㤼者要斬此謂
止而不進者史漢韓安國傳廷尉當恢迟橈當斬
服虔曰迟音企應劭曰迟曲行避敵也橈顧望也
軍法語也此謂有意四遠逗誤者淮南書曰兩軍
相當屈橈者要斬是也

跀　斷足也此與刀部刖異義刖絕也經傳多以刖
為跀周禮司刑注云周改臏作刖按唐虞夏刑用
髕去其膝頭骨也周用跀斷足也凡㭊周言臏者
舉本名也莊子齋有兀者叔山無趾踵見仲尼崔

疧痏

譔云無趾故踵行然則刖刑即漢之斬趾無足趾
故以足跟行也無足趾不能行故別為刖足者之
屨以助其行左氏曰踊貴屨賤是也髕則足廢不
能行刖則用踊尚可行故跀輕于臏也

疧痏　傷也漢書薛宣傳廷尉引傳曰遇人不以
義而見疧者與痏人之罪鈞惡不直也應劭曰以
杖手　擊人剝其皮膚起青黑而無創瘢者律謂
疧痏按此應注譌脫急就篇顏注云　人皮膚腫
起曰疧　傷曰痏蓋應注律謂疧下　去六字當
作其有創瘢者謂痏文選稽康詩怛若創痏痏李
善引說文創瘢也正與應語合皆本律也疧輕痏
重遇人不以義而見疧罪與痏人等是疧人者輕

彩版叁：四

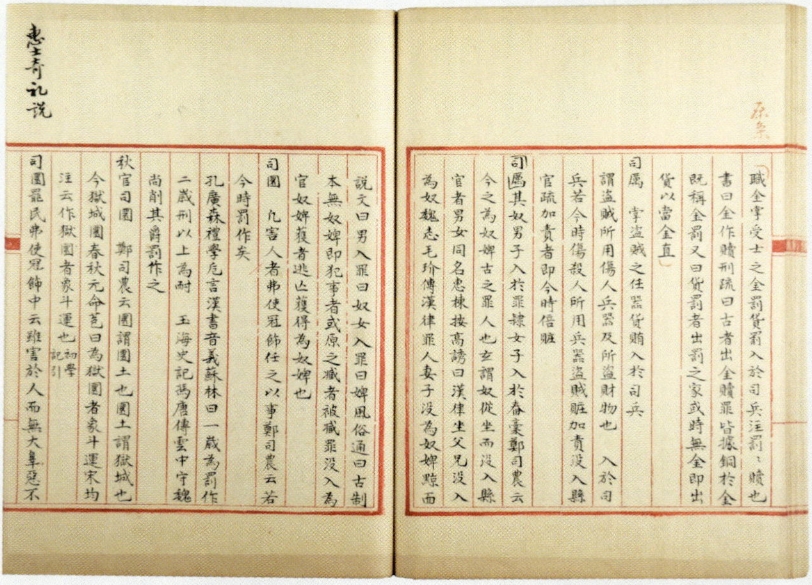
原案

職金掌受士之金罰貨罰入於司兵注罰〻贖也
書曰金作贖刑疏曰古者出金贖罪皆據銅於金
既稱金罰又曰貨罰者出罰之家或時無金即出
貨以當金直
司厲　掌盜賊之任器貨賄入於司兵
謂盜賊所用傷人兵器及所盜財物也　入於司
兵若今時傷殺人所用兵器盜賊贓加責没入縣
官疏加責者即今時倍贓
司厲其奴男子入於罪隸女子入於舂稾鄭司農云
今之為奴婢古之罪人也玄謂奴從坐而没入縣
官者男女同名惠棟按高誘曰漢律坐父兄没入
為奴魏志毛玠傳漢律罪人妻子没為奴婢黥面

惠士奇禮說

說文曰男入罪曰奴女入罪曰婢風俗通曰古制
本無奴婢即犯事者或原之臧者被臧罪没入為
官奴婢獲者逃亡獲得為奴婢也
司圜　凡害人者弗使冠飾任之以事鄭司農云若
今時罰作矣
孔廣森禮學卮言漢書音義蘇林曰一歲為罰作
二歲刑以上為耐　玉海史記馮唐傳雲中守魏
尚削其爵罰作之
秋官司圜　鄭司農云圜謂圜土也圜土謂獄城也
今獄城圜春秋元命苞曰為獄圜者象斗運宋均
注云作獄圜者象斗運也初學記引
司圜罷民弗使冠飾中云雖害於人而無大辠惡不

致謝

整理漢律輯存稿鈔本，完全出乎意外，不得不感嘆所謂的冥冥之緣。

二〇一二年二月，有機會到臺南參加一個學習活動。臨行前，徐世虹老師提到：漢律輯存深藏傅斯年圖書館，至今尚無該稿本一頁書影面世，若有時間不妨去調查一番。結束臺南活動後，特意在史語所停留數日。起先是在電腦上閲讀數字化成果，只是該稿本屬於剪輯未定稿，不少内容未能準確呈現。在邢義田、湯蔓媛先生的協助下，得以調閲稿本，並與堀毅整理本進行初步比對。後以漢律輯存稿本跋爲題成文，刊於中國古代法律文獻研究第六輯。

後繼續鑽故紙堆，草成清人説文解字引漢律令考輯校二種一文，刊於中國古代法律文獻研究第八輯。

二〇一七年六月，讀七野敏光九朝律考および漢唐间正史刑法志一文，方知關西大學内藤文庫亦藏有漢律輯存一册。在藤田高夫、畑野吉則先生的協助下，得以調閲此書；藤田先生又惠贈唐明律合編稿本一書。庚子大疫年，災禍頻仍，困於斗室中。百無聊賴，重拾此篇，寫作解題，校訂文字，以度時日。後以關西大學内藤文庫藏漢律輯存校訂爲題成文，刊於中國古代法律文獻研究第十四輯。

此篇草成之初，呈請師友批評。或惠示北大藏本之信息，或協助辦理入校借閱，或郵件告知朱頤年之文，或下賜新作及書影多種，恕不一一具名致謝！

文獻整理，屬非科研成果，當然不受重視，發文更是不易。幸賴中國政法大學法律古籍整理研究所所刊接納，上述文字得以發表。因緣際會，故決定重新整理是書，此即合校成書之始末，並於此略志諸位師友及所刊之功。原刊諸文存在的問題，已或多或少進行修訂；若蒙稱引，請以此書爲準。雖如此，書中存在問題，仍當文責自負。

忠煒淺陋，讀研究生時，跟李曉菊老師上文獻學課程，始知讀余嘉錫先生書。由古書通例而審視秦漢律之體例，由目録學發微而審視漢代律令學，受益多矣。上述諸文及相關著作，發表前多經老師審讀，失誤因得以減少。老師生性恬淡，於二〇二〇年十月退休，搬至郊區讀書。願將此書獻給恩師李曉菊教授，聊表學生感謝之意！

張忠煒

二〇二三年三月一日初稿

二〇二三年十月十二日改定

校記：書稿提交出版社後，承蒙朱玉麒先生惠助，得北大鈔本書影十多頁，稿鈔本書影終得以合璧呈現！

前言　漢律輯存稿鈔本源流考

清末以來，漢律輯佚受到前所未有的關注，成果豐碩，最爲人熟知的是沈家本（一八四〇—一九一三）的漢律摭遺與程樹德（一八七七—一九四四）的漢律考（後收入九朝律考）。亡佚近二千年之漢律，重新呈現在世人面前，意義莫大。有些書未必如是知名，如杜貴墀（一八二四—一九〇一）的漢律輯證、張鵬一（一八六七—一九四三）的漢律類纂等，然尚有刻本傳世，也算是聊勝於無；[一]有些書則命運多舛，薛允升（一八二〇—一九〇一）之漢律輯存即如此（以下簡稱輯存）。今據相關文獻記載，梳理稿鈔本源流，推出輯存合校本，以紀念這位「傳統法學的殿後人物」——薛允升先生。

一、漢律輯存之撰輯緣起

薛允升，字克猷，號雲階。任職秋曹，後官刑部尚書，「生平長於聽訟治獄，研究律例，晰及毫芒，心存哀矜，期天下無冤民」，以明允稱。刑名關乎人命，非他曹可比，加之律例浩

[一] 參見楊家駱總主編、島田正郎主編中國史料系編中國法制史料（第二輯第一册），鼎文書局，一九八二年，頁三二二五—七一七。按，杜、張之作，薛氏之漢律輯存，汪之昌的漢律逸文與孫傳鳳的集漢律逸文，俱收入其中。

繁，允升博考之，精研之，「老病閑居，不廢其精勤，實數十年如一日」。[一] 朝夕手鈔，蒐羅鉅細靡遺，稿本積成巨册百餘；後又分類編纂，手自芟削，諸書陸續成形。允升歿後，刑部奏請朝廷，請刊薛氏著述；奏請中羅列薛氏著作、卷帙，其中有漢律輯存六卷，時在光緒二十九年末（一九〇四）。[二] 不過，這並非薛氏著述的最早記載。

今所見更早的敘述，一爲劉光蕡（一八四三—一九〇三）代筆、署名孫家鼐（一八二七—一九〇九）的薛公墓誌銘，一爲姚永樸（一八六一—一九三九）據允升子薛浚所作行述並參以見聞而撰成的刑部尚書薛公狀。前者至遲作於光緒二十九年初（一九〇三），薛允升與已故夫人合葬之際；後者雖標爲宣統三年（一九一一），但相關内容極可能寫就於允升去世後不久。[三] 此外，任職刑部且受允升器重的吉同鈞（一八五四—一九三六），在薛趙二大司寇合傳中亦有敘説。[四]

[一] 孫家鼐薛公墓誌銘，載閔爾昌纂録碑傳集補卷四，燕京大學國學研究所，一九三二年，頁一五B。按，下文提及的姚永樸刑部尚書薛公狀，亦見於碑傳集補卷四。碑傳集補所見，與劉光蕡（劉古愚）煙霞草堂文集、姚永樸蜕私軒集文字略有别，除明顯錯誤改正外，其餘均以碑傳集補爲準。又，爲免文繁，凡引此兩篇者，不另出注。

[二] 薛允升讀例存疑重刊本，奏疏，黄静嘉編校，成文出版社，一九七〇年，頁四六。

[三] 黄静嘉清季法學大家長安薛允升先生傳——一位傳統法學的殿後人物，載讀例存疑重刊本，頁二七；修訂本見氏著中國法制史論述叢稿，清華大學出版社，二〇〇六年，頁二六〇。按，島田正郎亦注意到孫家鼐文，并據此提及漢律輯存之撰述，參見中國史料系編中國法制史料（第二輯第一册），頁三二九。

[四] 吉同鈞樂素堂文集卷三薛趙二大司寇合傳，中華書局，一九三二年，頁二〇B—二一A。按，印本中特意提及，「書中錯字太多，改不勝改；且其中長篇（如薛趙二大司寇合傳），多被割截不全，並非原稿真面」。吉氏言允升著作四種，有漢律輯存、唐明律合參、服制備考，而無讀例存疑，或許也是因此緣故。

三者詳略有別，内容無異，引最詳者薛公墓誌銘所載於下：

嘗謂近人説經，多搜存漢學。漢儒以董子爲醇，鄭康成爲大；董以春秋決獄，鄭以律令注禮。漢制試士，諷誦尉律籀文九千字，則漢儒無不習律者。漢律在今亦漢學也，而散失殆盡。學者何以忽諸？因廣加蒐剔，綴録成編，名曰漢律輯存若干卷。蓋漢律九章，定於蕭何；何自造三章，餘六章即李悝法經。漢書藝文志不載法經，以並於漢律也。存漢律，法經亦賴以存矣。

按，這段文字扼要揭示出輯存之撰輯緣起，全書面貌則可由沈曾植（一八五〇—一九二二）代筆之漢律輯存凡例窺見（以下簡稱凡例）。若能按凡例構想成書，成爲漢律輯佚之「經典」，可斷言也。遺憾的是，該書最終似未完成，僅以稿本面貌傳世。

清輯佚之風雖盛，除孫志祖（一七三七—一八〇一）外，罕有輯佚漢律者。[一] 清中後期以來的漢律輯佚，[二] 除上面提到的諸人外，尚有胡玉縉（一八五九—一九四〇）、王仁俊（一八六六—一九一三）（圖一）等人，另有近年新發現陳慶年（一八六三—一九二九）的漢律逸文疏證稿本（圖二）。[三]

[一] 程樹德九朝律考卷一漢律考三，中華書局，一九六三年，頁五二。按，程氏提及：沈欽韓漢書疏證引漢律見於史漢注者凡十餘條，同光間山陰汪瑔松煙小録引説文所見漢律令，孫傳鳳汶民遺文所引漢律文近五十條，以及杜貴墀、張鵬一之作。

[二] 按，對晚清漢律輯佚之學的學術史梳理，參見徐世虹秦漢法律研究百年（二）——以輯佚考證爲特徵的清末民國時期的漢律研究，中國政法大學法律古籍整理研究所編中國古代法律文獻研究（第五輯），社會科學文獻出版社，二〇一一年，頁一—二二。

[三] 按，稿本近年從陳家流出，具體情況不詳，圖片係藏家提供；又，陳氏有漢律逸文書證序一文（光緒庚寅三月，一八九〇），可知該書四卷，「凡所訓釋，多秉先儒；其有曲文奥旨、義所難曉，間下己意，冀祛害滯」。從流散稿本看，尚未成書。參見陳慶年橫山鄉人類稿卷二，載林慶彰主編民國文集叢刊（第一輯），文聽閣圖書有限公司，二〇〇八年，頁一八六。

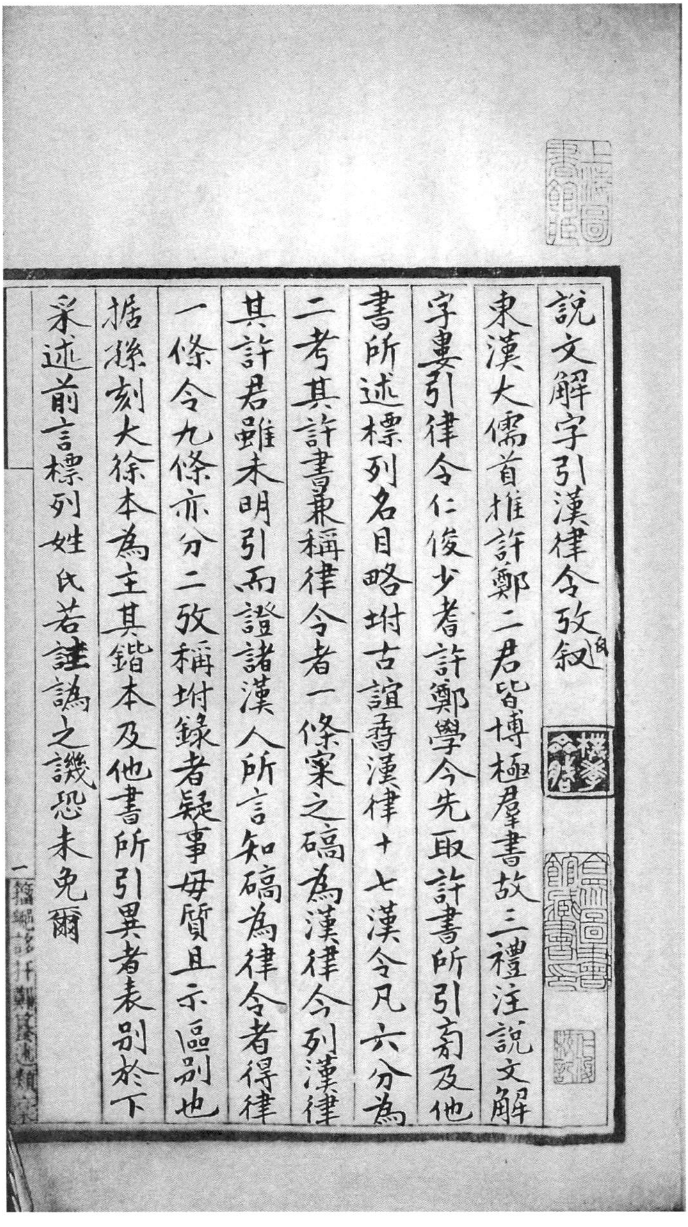

說文解字引漢律令攷叙
東漢大儒首推許鄭二君皆博極羣書故三禮注說文解
字寔引律令仁俊少耆許鄭學今先取許書所引兼及他
書所述標列名目略坿古誼[illegible]漢律十七漢令凡六分為
二考其許書兼稱律令者一條案之碻為漢律令列漢律
其許君雖未明引而證諸漢人所言知碻為律令者得律
一條令九條亦分二攷稱坿錄者疑事毋質且示區別也
据孫刻大徐本為主其鍇本及他書所引異者表別於下
采述前言標列姓氏若謹譌之譏恐未免爾

圖一：王仁俊說文解字引漢律考稿本書影（上海圖書館藏）

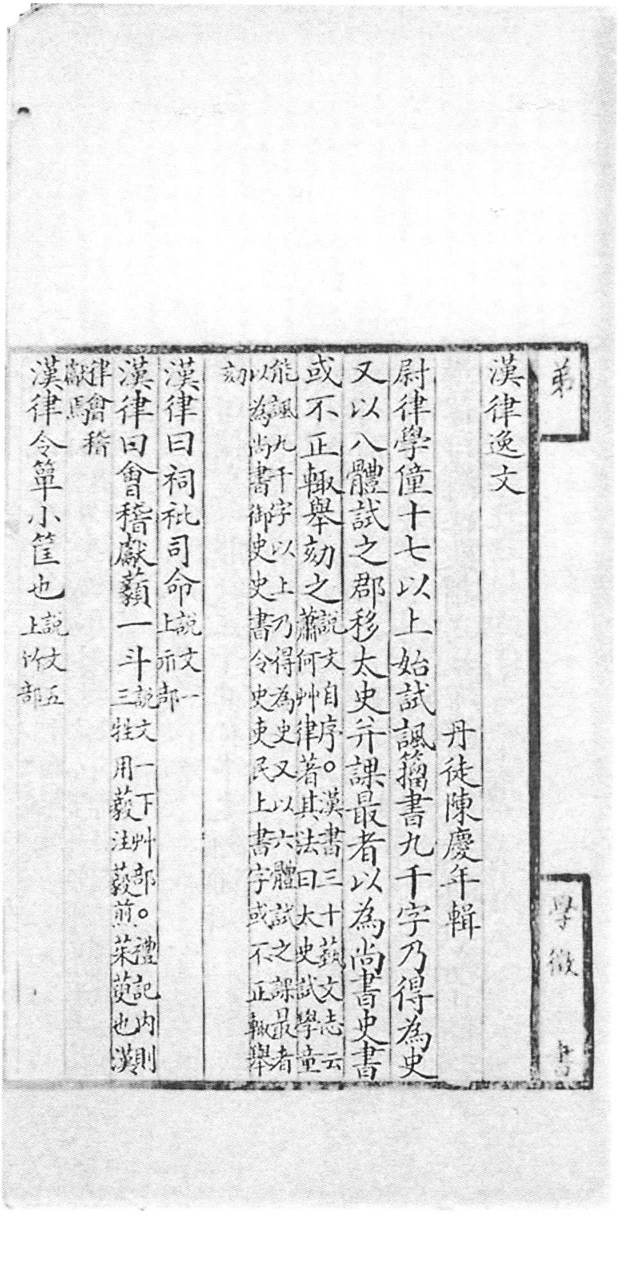
漢律逸文
丹徒陳慶年輯
尉律學僮十七以上始試諷籀書九千字乃得為史
又以八體試之郡移太史并課最者以為尚書史書
或不正輒舉劾之說文自序。漢書三十藝文志云蕭何艸律著其法曰大史試學童能諷九千字以上乃得為史又以六體試之課最者以為尚書御史史書令史吏民上書字或不正輒舉劾
漢律曰祠祀司命說文一上示部
漢律曰會稽獻藾一斗說文一下艸部。禮記內則三牲用藙注藙煎茱萸也漢律會稽獻藙
漢律令箄小筐也說文五上竹部

圖二：陳慶年輯漢律逸文稿本書影（私人藏）

可將諸人之輯佚視爲廣義的漢學成就，確實也有「廣備佚文，博洽聞見」之功，但僅此而已；[一]是否如黃静嘉所言，「足以提高律學之地位」，[二]不無可疑。

在「刑爲盛世所不能廢，而亦盛世所不尚」之世風長期浸淫下，[三]薛允升、沈家本乃至張鵬一極力强調律學所具有的現實意義，更值得留意。徐世昌（一八五五—一九三九）嘗言：「先生一生服膺唐律，自言平日尋繹律義有所未瞭，考之群書，稽之故牘，猶未洞徹。及就唐律求之，則事理炳然。」[四]通覽唐明律合編可知，是書不時稱引漢律佚文或兩漢文獻，如「貢舉非其人」、「舉用有過官吏」、「無故不朝參公座」等條。[五]如此一來，不僅唐明律可以合而觀之，漢律輯佚亦可水到渠成吧。實際上，他以唐律爲樞軸，上溯源秦漢律令，下考察明清律例，寓會通古今之意。從其未定稿中，亦可窺見一二。[六]

[一] 按，論者指出晚清學術從總體上來説處於新舊交替的變化之中，但主流仍是傳統的漢學及宋學，參見史革新略論晚清漢學的興衰與變化，史學月刊二〇〇三年第三期，頁九四。

[二] 黃静嘉清季法學大家薛允升先生傳——一位傳統法學的殿後人物，載讀例存疑重刊本，頁二七；又參見中國法制史論述叢稿，頁二六〇。

[三] 按，紀曉嵐語見四庫全書總目，在沈家本看來是「法學之所以日衰」之原因，參見寄簃文存卷三法學盛衰説，載歷代刑法考，鄧經元、駢宇騫校點，中華書局，一九八五年，頁二一四三；寄簃文存卷六法學名著序，載歷代刑法考，頁二二三九。

[四] 徐世昌唐明律合編序，載薛允升唐明律合編，中國書店影印（退耕堂本），二〇一〇年，頁一。

[五] 薛允升唐明律合編卷九，頁七一—七五。

[六] 薛允升唐明清三律彙編，載楊一凡、田濤主編中國珍稀法律典籍續編（第八册），田濤、馬志冰點校，黑龍江人民出版社，二〇〇二年，頁一—六。

面對「數千年未有之大變局」，張鵬一從中西法律比較入手，以「闡揚國粹」之心，提出「法律大用，不外尊重人格，保衛權利」之説，還提出「吾國研究法律，將以溥權利思想於人民。竊願輸入新法者，究心古律之佚説，庶舊學發明，相得益彰」。[一] 從長時段觀察，這些論説無疑是中西碰撞、古今轉變之産物。類似提法，在寄簃文存中，亦屢見之。在沈家本看來，提倡「法學」，世局亦可轉移：

自來勢要寡識之人，大抵不知法學爲何事，欲其守法，或反破壞之。此法之所以難行，而學之所以衰也。是在提倡宗風，俾法學由衰而盛，庶幾天下之士，群知討論，將人人有法學之思想，一法立而天下共守之，而世局亦隨法學爲轉移。[二]

明乎此，則薛、沈與孫、杜之漢律輯佚，可謂名同而實異。對於此意，爲讀例存疑作序的袁世凱（一八五九—一九一六），也是清楚的：

方今聖朝修明刑制，將博采中外良法，定爲憲典，懸諸不刊。是書所言，實導先路。抑嘗聞國之程度愈文明者，其條目愈纖悉。故法律之學，標爲專科，惟其習之也豫，故辨之也精。他日者，庠序盈門，人才輩出，使規制粲然咸備，以躋於所謂法治國者，則先

[一] 張鵬一漢律類纂敘例，載中國史料系編中國法制史料（第二輯第一册），頁五九三—五九四。
[二] 沈家本寄簃文存卷三法學盛衰説，載歷代刑法考，頁二二四四。

生昌明絶學之心，益以大慰也。[一]

頗具諷刺的是，倡言「法治」的袁世凱，廢共和而復帝制。法治！法治！談，何容易！行，何其難！

二、漢律輯存之亡佚與再現

輯存草於同治、光緒間，「業經寫定，將付手民。庚子之變，爲某舍人所得，匿不肯出。百計圖之，竟未珠還，良可惋惜」。[二] 作爲薛氏遺作的整理者之一，沈家本如是言。也就是説，稿本被某舍人藏匿。參與允升著作撰述及編輯的陳瀏（詳下），在「記振雅堂三事」中提到另一種説法（圖三），稿本爲門生徐某「遺失」。藏匿還是遺失，性質完全有别。或主前者，如孫家紅據此并參閲相關資料定爲徐謙，可備一説；[三] 或主後説，從下文引及的厲廉隅室讀律記看，參與輯存撰輯的徐博泉，也有可能是當事人，朱頤年認爲此書「確在徐處遺失」（詳下），暫從。

[一] 袁世凱讀例存疑序，載讀例存疑重刊本，頁五七。

[二] 沈家本寄簃文存卷六漢律摭遺自序，載歷代刑法考，頁二二二九。按，類似提法又見寄簃文存卷六薛大司寇遺稿序，載歷代刑法考，頁二二二三。

[三] 孫家紅散佚與重現：從薛允升遺稿看晚清律學，社會科學文獻出版社，二〇二〇年，頁一三二—一三三。

書兼譯署豈不知造此電車之款四十六萬兩係戶部時未改度支部撥款作貲本耶何云外國車線未幾拳匪起拆輪軌砍電桿紛紛起矣徐閱逃徒咨稿犯係旗人屢犯竊盜者翁行文步軍統領順天府五城御史一體嚴拏徐亟呼翁上堂問以何不行文該旗對曰犯不已銷檔耶徐默然趙徐日日相耳語各司皆卻立不敢前趙面部甚大眼鼻頗小徐目灼灼似賊望而知非端人時薛先生允升罷官家居語翁曰展如趙字何爲辜我教乃預聞某事又謂翁曰他門生如遺失先生所著漢律之徐某皆成就獨爾向隅耳當以叩展如翁乃亟止先生曰果爾則

瓷香館雜組

圖三：「記振雅堂三事」所見稿本遺失事（劃綫部分）

「自來著述之傳與不傳，若有數存乎其間也！」[一] 漢律輯存就是一部這樣的遺作。

一九三五年，顧廷龍（一九〇四—一九九八）在書肆中發現標爲「漢律稿本」的叢殘一束，其內容三册考服制，餘爲論唐明律，又據稿中所見「唐明律合刻」、「長安薛」等字樣，判定爲薛允升唐明律合刻稿本，與服制相關者爲服制備考稿本，但均與漢律無關。當顧氏向李祖蔭（一八九七—一九六三）提及此事時，李氏大爲稱快，并説道「尚有漢律輯存稿本，近亦知其所在，蓋爲東方文化事業委員會所得」。顧氏始悟，「然當時所見之簽題『漢律』，固知必有是書，而不圖已爲捷足者先登矣」。[二] 李祖蔭算是民國時代知名法學教授之一，當時受聘於燕京大學，對輯存似不陌生，此時距稿本亡佚已三十餘年矣。

輯存稿本曇花一現，瞬間又石沉大海，再無任何消息了。慶幸的是，就在曇花一現間，産生了兩份鈔本，成爲公私庋藏物，雖然罕爲人所知。

[一] 沈家本寄簃文存卷六薛大司寇遺稿序，載歷代刑法考，頁二二二三。按，此序實爲薛允升撰、沈家本參訂婦女實發律例匯説一書之序，後改换標題爲薛大司寇遺稿序，參見孫家紅散佚與重現：從薛允升遺稿看晚清律學，頁一六八—二〇一。

[二] 顧廷龍薛允升服制備考稿本之發現，圖書季刊第二卷第二期（一九三五），頁一〇一。按，顧氏所發現并購買的稿本，除服制備考外，有唐明律合編稿本一册，更多的是讀例存疑稿本，參見陶安關於上海圖書館藏薛允升「唐明律合刻」手稿本，李力譯，中國政法大學法律古籍整理研究所編中國古代法律文獻研究（第四輯），法律出版社，二〇一〇年，頁三四〇—三五六。

先説東方文化事業委員會所獲稿本，今藏傅斯年圖書館（彩版壹：一—五）。稿本正文首頁，鈐有白文「東方文化事業總委員會所藏圖書印」，可知確實爲東方文化事業總委員會購得，約在一九三五年。抗戰勝利後，國民政府教育部將此單位及近代科學圖書館所藏圖書撥交史語所，後又由張政烺（一九一二—二〇〇五）精選出南京史語所部未藏之圖書，裝箱運往南京，以明刊本、明鈔本及稿本爲主。[一] 輯存稿本也在其中，故有一九七三年島田正郎（一九一五—二〇〇九）之發現；堀毅（一九四四年生）受委託而整理此本，刊行於世，澤惠學林。

稿本紅格，單魚尾，白口，四周雙欄，版心下鐫「青雲齋」，半頁九行。部分文字系剪貼而來，多數情況下行款不定。存目録一頁。[二] 起初題作「兩漢律令輯存」，後删定爲「漢律輯存」。細目方面亦有改動，如「律令第二」改作「律文第二」；又如，用「襍説」還是「奏襍説」，態度犹豫，後「奏」字又被塗抹，故此處取用「襍説」。兩份鈔本與稿本目録一致，均以稿本爲底本鈔録所致，與漢律輯存凡例目録有別（詳下）。現將相關目録信息，以列表形式呈現如下（參見表一）。

[一] 湯蔓媛纂輯傅斯年圖書館善本古籍題跋輯録，中研院，二〇〇八年，頁一四—一五。

[二] 按，此目録頁不見於堀毅整理本，但見於氏著秦漢法制史論考，蕭紅燕等譯，法律出版社，一九八八年，頁四〇〇—四〇一。又，堀毅由此注意漢律輯存凡例文，并思考其與目録之關係問題。

表一：漢律輯存稿鈔本目録表（含「凡例」目録）

傅斯年圖書館本	北京大學圖書館本	關西大學內藤文庫本	沈曾植代筆「凡例」
律目第一	律目第一	律目第一	律文第一
律文第二	律文第二	律文第二	律詁第二
經義第三	經義第三	經義第三	篇目第三
襍説第四	襍説第四	襍説第四	律雜議第四
奏議第五	奏議第五	奏議第五	雜事第五
刑法志第六	刑法志第六	刑法志第六	何氏公羊律意説第六

説明：北大本「奏議」誤作「秦議」，眉批校改爲「奏」字；文庫本此字亦誤鈔，未校正。

緊接着來看鈔本之一，即北京大學圖書館本（彩版貳：一—六）。鈔本黑格，單魚尾，白口，四周單欄，半頁十行，前後各有空白頁三四面，從目録頁至末頁，計有九十二頁。無撰輯者姓名。目録頁及正文首頁，均鈐朱文「國立北京大學藏書」

印。鈔寫工整，以墨筆校訂文字；另見鉛筆籤條十餘條，或粘或夾於相關位置，多是迻録傳圖本眉批文字，或提示相關資料應調整之順序。

從借閲信息可知，該書最早由朱頤年（生卒年不詳）借閲，還書是在「JUL 7，一九四二」。朱氏出身京師法政學堂，任職司法部門三十載，後執教於北京大學法學院。[一] 朱氏在厲廉隅室讀律記中寫道，「始悉事變前，甫經前北大某教授轉借手稿抄存，現在某業已離京，無從尋其究竟」。當朱氏向董康（一八六七—一九四七）提及此鈔本時，董康提示，「東方文化事業委員會曾獲是書稿本」；朱氏遂向摯友橋川時雄（一八九四—一九八二，字子雍）假歸，[二]「係一素紙本黏籤，北大圖書室轉鈔於此」。[三]

不僅如此，朱氏還廣搜窮尋文獻，考察允升著述情況；並對稿本署名問題，有所闡發（詳下）。鉛筆書寫的籤條，順序雖早已打亂（根據内容可大致恢復所在），可能是朱氏對校稿本、鈔本時所留。後來，吴榮曾（一九二八年生）、張傳璽（一九二七—二〇二一）等學人陸續借閲該書。鈔本未著録於北京大學圖書館藏古籍善本書目，較少受人關注，也就不難

[一] 朱頤年日本留學追憶録（未完），中國留日同學會季刊（第三號）（一九四三），頁一三九—一四〇；朱頤年日本留學追憶録，中國留日同學會季刊（第四號）（一九四三），頁一二三—一二七。

[二] 按，關於橋川時雄，參見氏著民國時期的學術界，高田時雄編，樊昕譯，北京大學出版社，二〇二三年；陳言作爲「錨定點」的橋川時雄：他的交遊與北京書寫論考，中國現代文學研究叢刊二〇二二年第十一期，頁一五五—一七二。

[三] 朱頤年厲廉隅室讀律記，中國學報第二卷第三期（一九四四），頁七六—七八。按，爲避免文繁，下文引及此篇，不再出注。

理解了。

再來看鈔本之二，即關西大學内藤文庫本（彩版叁：一—五）。

鈔本紅格，四周雙欄，半頁十二行，前後各有空白頁一頁半，從目録頁至末頁，有七十九頁。無撰輯者姓名，封内鈐有朱文「内藤乾藏書」印。鈔寫工整，以墨筆或朱筆校訂，或徑改鈔本，或見於眉批。

按，内藤湖南（一八六六—一九三四）去世後，其生前藏書的去向主要有三處：京都大學内藤文庫所藏爲其歷年中國之行所購的滿文、蒙文等資料，武田家族「杏雨書屋」所藏則是恭仁山莊之善本書（其中不乏「國寶」級文化遺産），關西大學則於一九八三年購入山莊及書庫之全部藏書，並特設内藤文庫專室收藏。[一] 關西大學内藤文庫以湖南藏書爲主，其中亦有其長子内藤乾吉（一八九九—一九七八）藏書。[二] 已刊薛允升唐明律合編稿本爲内藤乾吉藏書（簡稱合編稿本），[三] 此處提及的輯存鈔本亦爲其藏書。

内藤氏所藏鈔本從何而來，目前不得而知。當輯存稿本爲東方文化事業委員會獲得

[一] 錢婉約恭仁山莊的文化遺産，中華讀書報二〇一二年二月二十二日；錢婉約、陶德民編著内藤湖南漢詩酬唱墨蹟輯釋：日本關西大學圖書館内藤文庫藏品集，國家圖書館出版社，二〇一六年。

[二] 關西大學内藤文庫調查特別委員會編關西大學所藏内藤文庫漢籍古刊古鈔目録，關西大學圖書館，一九八六年，「跋」，頁三〇三—三〇八。按，目録有唐明律合編稿本，但不見漢律輯存；「跋」由奥村郁三撰。

[三] 奥村郁三編薛允升唐明律合編稿本，關西大學出版部，二〇〇三年，「編者序並に解説」，頁一。

時，北京大學某教授即轉借鈔録一份；與該組織關繫密切的内藤氏，極可能也在這個時候倩人鈔録，故此本似具有和鈔本的外貌特徵。以中國法制史爲研究重心的内藤氏，[二]對漢籍法律文獻的興趣較濃厚，從其收藏合編稿本即可窺見一斑。[三] 鈔本書函中尚有傅斯年圖書館本的黑白書影兩幅，拍攝時間不詳。

就兩個鈔本而言，文庫本較能反映稿本面貌：稿本上的批注、符號等，均被一一鈔録，誤處一仍其舊；迻録稿本批注的文字，校者以墨筆呈現；被鈔録爲正文的粘條文字，校者則以朱筆呈現，提示相關内容爲「原粘條」或「原條」；鈔者未能識别的文字，留以空白，校者亦未補出相關文字。相比之下，北大本更像是清本：一則據稿本本來之面貌而嘗試確定體例，二則正文、注文眉目清晰且均以大字呈現，三則校改者據稿本及原始文獻徑自校正文字，四則以鉛筆籤條形式保留稿本眉批信息。

從稿鈔本的内容看，不僅與目録無法對應，也與凡例無法對應。堀毅認爲凡例據稿本

[二] 趙晶論内藤乾吉的東洋法制史研究，古今論衡第三二期（二〇一九年六月），頁六九—九一。

[三] 按，合編稿本有藏書印三方，被奥村郁三釋爲「王研堂」、「潛璞」、「杜盦藏」，不詳其人。實則，「王研堂」當作「玉硯堂」，爲室號名，「研」可讀作「硯」，可與「潛璞」閑章對應起來；「杜盦」，即活動於清末民初的曹秉章（一八六四—一九三七，字理齋，號杜盦）。如此一來，曹氏顯然是薛氏稿本的早期收藏者之一。徐世昌從董康處假得唐明律合編稿本，刻板行世，稿本最後似落入徐氏門人兼親信曹秉章手中。曹秉章去世前後，稿本從其家中流散，這大概是内藤氏收藏合編稿本之由來，時間極可能是在一九四〇年前後——這是合編稿本中内藤氏未寄出明信片的落款時間（昭和十五年十二月）。

目録整理而來，恐不確。[一] 稿鈔本目録與凡例所載，不僅文字有差異，順序編排亦不同。是否存在這種可能：薛氏向沈曾植述説輯佚主旨後，沈氏代草擬凡例；在輯佚進行中，與設想有差别，故修改起初的想法而呈現今所見之面貌？從稿本看，輯存顯然屬於未定稿，那麽，是否存在寫定清稿呢？對此，筆者亦存疑（詳下）。

據稿鈔本看，該書由兩部分組成：一部分以漢書、史記、後漢書爲主，大體以本紀、列傳之先後爲序，進行輯佚；另一部分除采擇説文所見律令外，主要取材於公羊傳、周禮、禮記、尚書等經書，以經傳記載先後爲序，漢唐注疏外，又多采惠士奇（一六七一—一七四一）的禮説、惠棟（一六九七—一七五八）的九經古義、孔廣森（一七五一—一七八六）的經學卮言與禮學卮言等論著，這是薛輯的顯著特色之一。[二] 王式通（一八六四—一九三一）嘗言：「他日薛書復出，沈書刊行，并此而三，其有功於律學者爲何如也！」[三] 信哉斯言！

[一] 堀毅秦漢法制史論考，頁四〇一。

[二] 按，堀毅認爲稿本就内容而言可分爲「律目·律文」與「經義」兩部分，這種區分似是基於稿本目録及輯佚史源而言的。從兩份鈔本看，「經義」小題確實存在，不見「律目·律文」之題，故此處行文按采擇史源進行區分。又，朱頤年初步統計，輯自漢書等史籍者，約一百四十五事；輯自説文者近三十事；輯自公羊傳者十數事；輯自周禮者約五十事；輯自左傳者僅録五事；堀毅統計更爲詳盡，「律目·律文」部分約一百九十六事，輯自説文者二十八事，輯自經書者約六十二事，總計約二百八十六事。

[三] 王式通漢律考序，載程樹德漢律考，一九一九年刻本。按，漢律考最初爲七卷本，前有王式通、施愚、方樞及程氏諸序文；後以九朝律考之名刊行時，除自序外，全删。

三、沈曾植與漢律輯存凡例

漢律輯存凡例一文，先見於沈寐叟年譜（以下簡稱年譜），時在一九三八年；又刊於學海月刊，時在一九四四年。[一] 年譜及學海所見，均出自沈曾植遺稿，并有自注「代薛尚書」四字。由此，引出了一個問題：輯存究竟是出自薛允升之手，還是由沈曾植等人代筆而成呢？關於前者，相關史料記載較多，不贅；關於後者，王蘧常（一九〇〇—一九八九）、錢仲聯（一九〇八—二〇〇三）、許全勝諸人均主此説。諸人或是沈氏弟子，或是著作整理者，故不得不審慎對待這一争議。

許全勝在沈曾植年譜長編自序中寫道：「先生久官刑曹，邃於律學，詳究歷朝法制，有漢律輯存、晉書刑法志補之作。」通讀全譜尤其是所附清史稿沈曾植傳、學部尚書沈公墓誌銘，殆可判定許氏所言因襲自沈曾植傳與沈公墓誌銘，但將漢律輯補改爲漢律輯存。[二] 錢

[一] 王蘧常編著沈寐叟年譜（附述著目），商務印書館，一九三八年，頁一七—一九、八九—九一；沈曾植漢律輯存凡例，學海第一卷第五冊（一九四四），頁五五—五七。按，年譜正文與「述著目」所載漢律輯存凡例，文字大同小異。又，「述著目」全稱作「沈子培先生著述目」。

[二] 許全勝沈曾植年譜長編，中華書局，二〇〇七年，頁三、五二一、五二二。按，清史稿沈曾植傳載：「居刑曹十八年，專研古今律令書，由大明律、宋刑統、唐律上溯漢、魏，於是有漢律輯補、晉書刑法志補之作。」謝鳳孫撰墓誌銘所載大體同上，「其在刑部，由主事遷郎中，前後十八年，其時兼充總理衙門章京。先生既精今律，復考古律令書，由大明律、宋刑統、唐律以上治漢魏律令，著有漢律輯補、晉書刑法志補」。

仲聯在論述沈曾植的學術成就時，對沈氏律學成就有如此敘述，「嘗爲薛作漢律輯存，其書已失，文集中存其『凡例』，可以見沈氏古律學説」。[一] 錢氏受曾植子嗣之托，董理沈氏遺著，所言當有憑據。

實際上，早於錢氏，王蘧常在年譜中，就有類似提法。年譜後附述著目，有漢律輯存一卷，並有按語。這段按語内容豐富，今迻録如下：

案：此書與徐博泉同溥同輯，蓋代薛雲階允升者。遺書目不載，當已佚。金甸丞丈與先大夫書，曾述及之云：弟意其書已不存，緣當時與博泉同輯；博泉在日，問過亦遺失云。余在公困學室讀書記中，見輯自公羊傳何氏解詁凡六條、説文解字十五條、爾雅郭注一條、周禮注疏二十九條、儀禮注疏一條、禮記注疏六條、左氏傳注疏一條、蔡邕獨斷一條、漢書顔師古注四條。諸書凡數十條，當爲此書椎輪。文集卷上有此書凡例，自注「代薛尚書」撰。[二]

按，王蘧常父王甲榮（一八五〇—一九三〇），與沈曾植、金蓉鏡（一八五六—一九三〇，字學範，又字甸丞、甸臣）同時，俱爲嘉興人，彼此有交往。徐博泉（一八六二—一九二六）正史無傳，從相關資料可

[一] 錢仲聯論沈曾植的學術成就——「海日樓文集」等三書前言，蘇州大學學報一九九六年第一期，頁五五。按，此篇文字不見於「沈曾植集校注」「海日樓札叢」與「海日樓文集」等刊本。

[二] 王蘧常編著沈寐叟年譜，頁八九。按，年譜最初發表於東方雜誌第二六卷第一五、一六號（一九二九），後有增訂，一九三八年由商務印書館出版。

知，曾任職於刑部，官位不高。朱彭壽（一八六九—一九五〇）挽聯有言，「於法律學信有專長」。[一] 由此及凡例遺文，王氏斷定漢律輯存由沈曾植、徐博泉代筆而成。明乎此，錢仲聯、許全勝論斷之由來可知矣。

此處所見的漢律輯存，與上文提及的漢律輯補，有什麽關係呢？答曰：一書二名。沈氏去世後，子嗣、門生與故舊據遺稿，在哀啓中就將漢律輯佚之作稱作漢律輯補，[二] 清史稿沈曾植傳、謝鳳孫沈公墓誌銘、宋慈抱嘉興沈曾植傳，[三] 以及王蘧常嘉興沈寐叟先生年譜初稿，[四] 均沿用之。一九三二年，沈曾植子沈頲撰沈乙盦先生海日樓遺書總目（即上引按語所見遺書目），此書未收録在内。王氏增訂初稿而成年譜時，凡例遺文已被發現，遂將漢律輯補改爲漢律輯存。

據年譜可知，凡例見於海日樓文集卷下。此處所見分卷，爲孫德謙（一八六九—一九三五）、王蘧常編校本，未刊；後來，錢仲聯重加整理校補，分四卷，凡例見於卷四「雜著」類。[五]

[一] 朱彭壽編著清代人物大事紀年，朱鼇、宋苓珠整理，北京圖書館出版社，二〇〇五年，頁一四八〇；朱彭壽安樂康平室隨筆（與舊典備徵合訂），何雙生整理，中華書局，一九八二年，頁二七四。

[二] 王蘧常嘉興沈寐叟先生年譜初稿，東方雜誌第二六卷第一六號（一九二九），頁六三。按，未找見哀啓原文，此處轉引年譜初稿。

[三] 宋慈抱嘉興沈曾植傳，浙江省通志館館刊第一卷第一期（一九四五），頁八二—八三。按，從文末注引嘉興沈寐叟先生年譜初稿看，宋氏延用漢律輯補之名也就不足爲奇了；又，從下引海日樓文集卷首三文序次看，此文撰著似早於謝鳳孫的沈公墓誌銘。

[四] 王蘧常嘉興沈寐叟先生年譜初稿，東方雜誌第二六卷第一六號（一九二九），頁七三—七四。按，在注釋中，王氏引金蓉鏡書信并親詢之，論定此稿爲沈氏與徐博泉同輯。

[五] 沈曾植海日樓文集卷四，錢仲聯編校，廣東教育出版社，二〇一九年，頁二三六—二三八。

王氏所言困學室讀書記輯佚數十條漢律之内容，尚不見於海日樓文集或海日樓札叢。[一] 起初，王蘧常將凡例系於光緒六年（一八八〇），沈曾植中式之年，爲權宜之舉；光緒十九年（一八九三）至二十三年（一八九七），薛允升任刑部尚書，故錢仲聯斷定凡例寫作在「十九年以後，二十三年以前」，殆可從。[二]

那麽，能否據沈氏「代薛尚書」自注就斷定輯存屬代筆之作呢？沈家本重刻唐律疏議所載薛允升序，即由曾植代筆，可信不疑。[三] 只是，代筆凡例與全書，終究存在根本差異。筆者此前據合編稿本與輯存稿本批注筆跡有粗略比較，指出筆跡均呈現多樣性特徵，書寫、增删、塗抹之筆跡亦非一人所書，但有一點可以確定：增删、塗抹及批注書跡相近者，結合新近孫家紅的研究看，[四] 殆多是薛允升之書跡（圖四），與沈曾植中期書跡有别。那麽，輯存中是否有曾植書跡呢？對此，朱頤年指出：

[一] 沈曾植海日樓札叢，錢仲聯編校，上海古籍出版社，二〇〇九年。按，札叢卷三中，有數條與律令相關，均極簡略，以文獻稱引爲主，亦少考訂。

[二] 沈曾植海日樓文集卷四，頁二三六。

[三] 許全勝沈曾植年譜長編，頁一四五—一四六。按，沈曾植言家本重刻唐律疏議序由徐兆豐代筆，許全勝據沈家本日記所載質疑之，參見徐世虹主編沈家本全集第七卷，中國政法大學出版社，二〇〇九年，頁七七三；許是因爲沈家本所作「序」，經由徐兆豐審讀，故訛傳爲代筆？沈「序」原稿及徐兆豐審讀墨跡，參見沈厚鐸編沈家本墨跡四種，華寶齋（非賣品），二〇一九年（無頁碼）。

[四] 孫家紅散佚與重現：從薛允升遺稿看晚清律學，頁二四—三一、四九—五三。

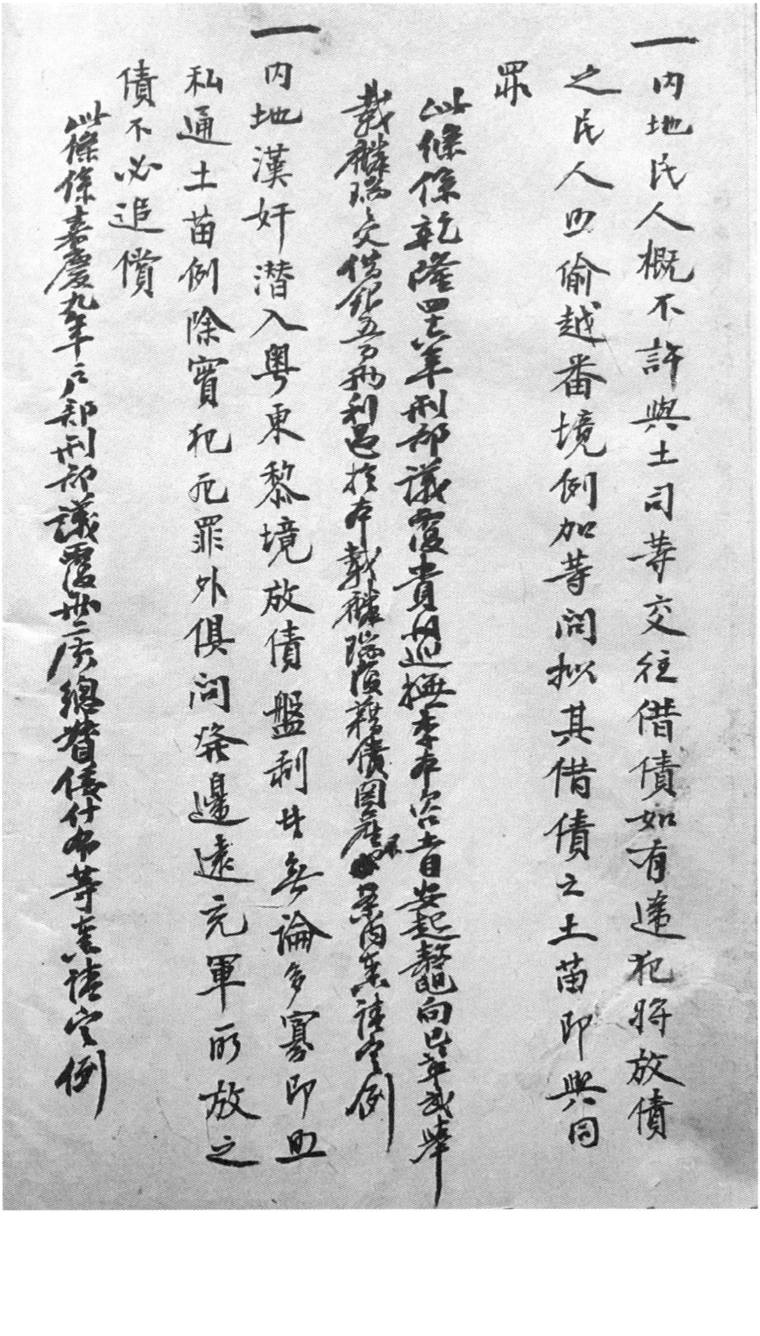

一內地民人概不許與土司等交往借債如有違犯將放債之民人照偷越番境例加等問擬其借債之土苗即與同罪

此條係乾隆四十三年刑部議覆貴州巡撫李本咨土目安起龍向土舍戴麟瑞交借銀五百兩利息按年戴麟瑞償債圖產一案內奏准定例

一內地漢奸潛入粵東黎境放債盤剝者無論多寡即照私通土苗例除實犯死罪外俱問發邊遠充軍所放之債不必追償

此條係嘉慶九年户部刑部議覆兩廣總督倭什布等奏准定例

圖四：東京大學仁井田陞文庫藏讀例存疑稿本（孫家紅認爲：例文爲薛允升筆跡，按語爲沈家本筆跡）

沈氏胎息漢魏時稱安吴一派之書法，宛然出自一手，簽注細條，書較工整。舊藏沈之書札多通，發篋相勘，确爲中年之筆無疑。另紙紅格楷書，字體圓腴，當係徐所同輯。封面裏衣，黏有目録半頁。首行原作兩漢律法輯存，復用筆塗去「兩」字、「法」字，只留漢律輯存四字。書之定名，亦由於沈；稿中塗抹勾勒，頗多點竄，具徵治事用力之勤。然沈不過與於斯役，代筆條事。而集其大成者，乃爲薛氏。故編纂之名，應仍歸之於薛。

按，對照稿本首頁，核以朱氏之言，目録頁及「高祖常繇咸陽」部分，即曾植書迹；「嘗告歸之田」部分，大概是徐博泉書跡；眉批「又見馮野王傳」句，似即允升墨跡。[一] 筆迹鑒别需要深厚的書法素養，僅從有限字形入手而泛泛比較之，終究不妥，故此問題還是留待高明解決吧。

四、餘論

輯存稿鈔本的面貌基本清楚，但朱頤年的疑惑仍有待解答：從刑部進呈奏疏看，

[一] 按，朱頤年對書迹的判定恐有誤。據海日樓所藏古籍碑帖及相關書迹可知，傅圖本首頁似乎不見沈氏筆迹。書稿提交出版社後，筆者仍心存疑慮，故輾轉請教於沈曾植著作集的整理者許全勝，許氏告知：傅圖本首頁確實不像是沈曾植書迹；沈氏的漢律輯存稿本還在，但被嘉興的一位藏家買走（按，筆者對此存疑）。又，郭永秉亦以爲傅圖本首頁似非沈氏書迹。

「是此書之裒然成帙，上達天聽，并已早經定稿，謀付梓行」；事實上，「何以仍屬草創，尚未加以整理若是？」清本於庚子年亡佚，而今所見僅是稿本，或許有人如此推測。結合今所見薛允升遺稿，筆者更傾向於這種解釋：輯存雖雛形初具，離成書尚有距離，屬未定稿。

再三揣摩沈家本讀例存疑序可知，允升晚年積累之稿本多達百餘册。百餘册稿本如何編輯，并非易事，先是沈家本等人「與編纂之役，爬羅剔抉，參訂再三」，而後允升「復以卷帙繁重，手自芟削，勒成定本」。[一] 不過，從堪稱定本的讀例存疑及唐明律合編稿本看，似乎很難視作清本。作爲薛氏一生鑽研律學心血結晶的代表作尚且如此，則所謂「勒成定本」之漢律輯存、服制備考，等等，恐不足以輕信。這大概就是凡例與輯存稿本無法對應起來的根本原因。

以上海圖書館藏讀例存疑稿本爲例，陶安指出該書許是由其門人合作完成的；[二] 通過對海外内藏讀例存疑稿本之分析，孫家紅提出晚清刑部律學群體及律學創作的話題。[三] 這無疑是一個有意義的話題。不過，這一群體中恐怕還應包含一人，即自光緒六年成進士，以

[一] 沈家本寄簃文存卷六讀例存疑序，載歷代刑法考，頁二二二二。
[二] 陶安關於上海圖書館藏薛允升「唐明律合刻」手稿本，中國古代法律文獻研究（第四輯），頁三五一—三五三。
[三] 孫家紅散佚與重現：從薛允升遺稿看晚清律學，頁一〇二—一三八。

主事觀政刑部十八載，湛精今律，深究古律，而被薛允升「推爲律學家第一」的沈曾植。[一]除輯存外，沈氏還參與了哪些著作的撰輯，也留待以後解決吧。

另外，所謂唐明清三律彙編稿本的命名問題（以下簡稱彙編），也有再審視之必要。該稿本爲田濤（一九四六—二〇一三）所藏，因「此書原作著録爲彙編」，又因彙集唐、明、清三代法律於一體，故將其定名爲彙編。[二] 對此，筆者曾有質疑：薛氏既已將唐明律合編、讀例存疑分別編訂，是否還有必要將唐、明、清三朝法律彙於一編？薛氏著述題名「彙編」者，有定例彙編，見於讀例存疑例言。[三] 如此一來，所謂題名「彙編」者，未必即田氏之所藏；孫家紅則將田藏徑視作定例彙編，[四] 恐亦不確：若薛允升確實撰輯有此稿，除讀例存疑例言提及外，爲何在相關論述中不見蹤跡呢？

不論從刑部上呈的請刊薛氏著作之奏疏看，還是從深度參與薛氏著作整理的沈家本敘

[一] 王蘧常編著沈寐叟年譜，頁一七。按，此句出自袁啓。

[二] 田濤薛允升遺稿——「唐明清三律彙編」發現始末，中華讀書報一九九九年七月二十一日；又參見楊一凡、田濤主編中國珍稀法律典籍續編第八册唐明清三律彙編，田濤、馬志冰點校，黑龍江人民出版社，二〇〇二年，「點校説明」，頁一—六。按，「此書原作著録爲彙編」一句，不明其意。是説田藏稿本自題爲「彙編」，還是沈家本等人所稱之「彙編」？

[三] 拙文漢律輯存稿本跋，載中國政法大學法律古籍整理研究所編中國古代法律文獻研究（第六輯），社會科學文獻出版社，二〇一二年，頁四四四。

[四] 孫家紅散佚與重現：從薛允升遺稿看晚清律學，頁一四一—一六八。

述看，所謂彙編一書均未被包含在内。有趣的是，漢律輯存、服制備考等小部頭著作，均一清二楚地見於傳記或奏疏中。也許會存在遺珠之憾，但可能性又有多大呢？更重要的是，從彙編内容看，與唐明律合編、讀例存疑存在較多雷同處，而與讀例存疑「内容雷同或相似程度遠遠超過其與唐明律合編稿本、刊本的雷同或相似程度」。[一] 那麽，該如何解釋這一現象呢？

要解答疑惑，需回到起點。允升任職刑曹以來，對於律例之可疑者：

即筆而記之，擬欲就正有道。爲日既久，遂積有數十册。凡彼此之相互牴牾，及罪名之前後歧異者，俱一一疏證而明通之。抉其可否，溯厥源流，兼引前人成説而參以末議……惟此編自問頗有一得之愚，而半生心血盡耗於此。[二]

按，也許可以這樣理解，允升初似無撰述意；筆記日積月累漸多，雖有共事者慫令剞劂，至暮年始有整理意。

彙編可能是較早的整理本，唐明律合編與讀例存疑似均由此而出。用陶安的話説：「讀例存疑與唐明律合編或許原本就是一部著作，而薛氏到了晚年的時候將其分割爲兩部

[一] 孫家紅散佚與重現：從薛允升遺稿看晚清律學，頁一五二。
[二] 薛允升讀例存疑自序，載讀例存疑重刊本，頁五一—五二。

著作。」[二] 至於讀例存疑例言所説，「就例文之次序，彙集於此編之後……仍其舊名曰定例彙編」，也許僅是設想而已。就像薛大司寇遺稿序，序雖存而書實則未成。[三] 欲坐實之，恐得其反。

輯存稿本是未完成之作，貼紙、附箋極多，加以塗抹增删，整理不易。堀毅據稿本體例，精心整理，流傳於世，貢獻莫大。稿本流落人間一百二十年後，重新審視，參照兩份鈔本，推出合校新本，使心血之作得以化身萬千，在進一步呈現該書價值之同時，亦可告慰前賢時哲之辛苦付出，此其時也！忠煒不敏，願盡綿薄之力，並祈學界不吝教之。

[二] 陶安關於上海圖書館藏薛允升「唐明律合刻」手稿本，載中國古代法律文獻研究（第四輯），頁三五六。按，陶安撰文時，未留意田濤藏本；今據彙編，贅言數語。又，孫家紅以爲，「定例彙編、唐明律合編與讀例存疑，皆脱胎於與北京、東京二地館藏讀例存疑稿本大致同一階段的薛允升著述底本」，與陶安觀點似相近。參孫家紅散佚與重現：從薛允升遺稿看晚清律學，頁一六七。

[三] 孫家紅散佚與重現：從薛允升遺稿看晚清律學，頁一七一—二〇一。

凡例

一、漢律輯存稿鈔本現存三種，傅斯年圖書館所藏爲底本（簡稱傅圖本），關西大學内藤文庫本（簡稱文庫本）與北京大學圖書館本（簡稱北大本）均據傅圖本鈔録。合校以傅圖本爲工作本，參校文庫本與北大本，酌情參校堀毅整理本；

二、稿鈔本均屬未定稿，體例大體清晰，但個別仍存在訛誤，合校時酌情條理，不再注明；

三、個别輯佚段落有删除符號，且可與眉批「不必入」對應，集中見於後漢書引文部分，因内容未再見於其他部分，今權且保留不删；

四、古今稱引有别而文異者，不據通行本進行增補，有礙理解時則以［ ］補之；誤字、别字、脱文、衍文、避諱字等，徑改；異體字、俗體字等，改爲常用字或正字；

五、所引、所校均係常用典籍，不一一出校注，情况特殊者在脚注中説明；

六、稿本中的正文與注文或有時訛混，正文頂格書寫，短注隨文；長注另起一行，按語亦另起一行；個别注文中亦有注，保存不變，字號略小；

七、清人漢律令輯校三種亦準此進行整理。

目録

致謝 …… 一
前言　漢律輯存稿鈔本源流考 …… 一
凡例 …… 一
卷首　薛允升傳記資料與漢律輯存凡例 …… 一
薛公墓誌銘 …… 孫家鼐（劉光蕡代筆） 三
刑部尚書薛公狀 …… 姚永樸 八
清史稿・薛允升傳 …… 一二
漢律輯存凡例（代薛尚書） …… 沈曾植 一四
卷一　漢律輯存合校（上） …… 一七
卷二　漢律輯存合校（下） …… 七一
附録　清人漢律令輯校三種 …… 一〇九
漢律考 …… 孫志祖 一一一
説文引漢律令考 …… 胡玉縉 一一七
説文解字引漢律令考 …… 王仁俊 一二四
參考文獻 …… 一四四
後記　讀清人漢律令輯校三種書後 …… 一四八

卷首

薛允升傳記資料與漢律輯存凡例

皇清誥授光禄大夫紫禁城騎馬重赴鹿鳴筵宴刑部尚書雲階薛公墓誌銘

孫家鼐（劉光蕡代筆）

聖清以深仁厚澤，涵育方夏。世祖革除前明秕政，去加派、練餉，罷廠衛、詔獄，一時教養兼施，首重保民。聖祖益崇寬大，明季一切苛法，概爲裁汰；而勵精圖治，尤慎庶獄。特擢韓城張文端公廷樞爲秋官長，釐剔刑獄宿弊，盡其根株。其法責成諸司，治獄牘不假手胥吏，刑部政事遂爲六曹冠。自雍正初至今，陝士歇歷中外有聲績者，多起家刑部；而勳望與張公配者，惟今大司寇長安薛公雲階。張公以詞林洊歷卿貳，入刑部，持大綱，不阿權貴，以剛直稱。公則以咸豐丙辰進士入郎署，歷十有八年，出守饒州，擢成緜龍茂道，遷山西按察使、山東布政使，署漕運總督。外任越六年，即召貳刑部。又十餘年，歷權禮、兵、工各侍郎，授刑部尚書，典讞法垂四十年。故生平長於聽訟治獄，研究律例，晰及毫芒，心存哀矜，期天下無冤。民以明允稱説者，謂華嶽爲古司寇冠形，公與張公胥禀其靈，一剛方，一清肅，後先輝映，外無與並也。

公初筮仕，念刑名關人生命，非他曹比，律例浩繁，不博考精研，無由練達。朝夕手鈔，分類編輯，積百數十册。嘗謂近人説經，多搜存漢學。漢儒以董子爲醇，鄭康成爲大。董以春秋決獄，鄭以律令注禮。漢制試士，諷誦尉律籀文九千字，則漢儒無不習律者。漢律在今，亦漢學也，而散失殆盡，學者何以忽諸？因廣加蒐剔，綴録成編，名曰漢律輯存若干卷。蓋漢律九章，定於蕭何；何自造三章，餘六章即李悝法經。漢書藝文志不載法經，以併於漢律也。存漢律，法經亦賴以存矣。又謂唐律本於漢律，最爲精當。明初定律，於唐律多所更改，以致自相矛盾，不如唐律遠甚。我朝沿用明律，遂有仍其訛者。乃取唐律、明律合爲一書，遇明律之謬誤者，悉爲糾正，名曰唐明律合刻若干卷。後以刑律服制一門尤爲緊要，遂輯成服制備考若干卷。又謂用法須得法外意，律少例多，有例即不得引律。前明萬曆時，刑部尚書舒化奏定例八百三十二條。國朝初，因明舊制；後例日增，幾至二千條。均係隨時纂定，非出一人之手，不能斠若畫一。即引比愈宜詳慎，乃官書律例數種外，歷來著作家絶無專書考論。朝廷功令，五年一小修，十年或數十年一大修。然於欽奉諭旨及内外臣工條奏，依類編入，其舊例仍存而弗論。同治年修例，雖亦躬與其役，惟遵舊章編纂，而於彼此之互相牴牾，罪名之前後歧異者，未敢一爲疏通證明。今取舊所筆記，再四删訂，擇其可存者，都爲一集，共若干卷，名曰讀律存疑。時歲庚子，公年逾八秩，前以事左遷宗人府府丞，予告已三年矣。蓋公視刑律爲身心性命之學，老病閒居，不廢其精勤，實數十年如一日也。

公貌清臞，賦性温和，氣宇凝重。其鞫囚恒至夜分，一鐙熒熒。胥役或倦引去，公平心静氣，無疾言遽色。與囚絮絮對語，囚忘公爲官，公亦若忘其與囚語也。故凡訟爲公所鞫，無不輸其情，雖死且德公。而公重民命，有疑獄必萬分審慎，得其冤必力爲平反，雖觸權貴忌，不恤也。計在部平反案甚多，尤嘖嘖人口者，王宏罄等六七人，已奏定作盜犯，不日將繯首。公覆審，雪其冤，保全多命，不致誤罹重辟。江南三牌樓之案，屢經人劾奏，且頭緒紛歧，又有堅執原議者。公奉旨往讞，反覆究詰，務得實情，昭雪之。河南以王樹汶充代胡體洝，臨刑呼冤。撫臣奏聞得實，前撫應降官而政府庇之，授意部臣，欲抑其奏。公力持之，卒白冤誣。公外和内介，事關國是民生，不肯一毫遷就，多類是。其在司曹也，初主四川司稿，繼充秋審處坐辦、律例館提調。歷任堂上皆倚重之，名次在後，實即主持。秋審事及部中現審案，歲不下數千百起，均歸一手核定，故終歲無片刻閑。即封印後，亦逐日入署，每歸必攜文稿一大束，鐙下披閱。由是以清勤結主知。歷外未久，即召還部。丁亥四月，銜命赴湖南按事，旋往河南。時河決鄭州，復奉查勘河工之命，一歲在外八閲月。癸未至乙未，七科會試，朝殿閲卷及他試事，公皆與。而戊子、甲午兩典順天鄉試，得人尤盛。公外任僅數年，故設施多未竟。在饒州，親歷樂平諸縣，懲械鬥，風爲少息。署漕督時，於除夕突擒漏網巨匪，多年積患，一舉消滅，民驚神奇。署兵部時，特疏論練兵、裁勇、節餉爲目前要務，後各直省創辦練軍，皆自公發之也。

公諱允升，雲階其字也，世爲陝西長安縣人。考豐泰，妣氏姚、氏姚。祖生蓑，妣氏張、氏楊、氏王。曾祖騰彦，妣氏康、氏趙、氏劉。三代皆以公貴，累封光禄大夫，妣皆一品夫人。配張夫人，有賢淑行，能以勤儉佐家政。公官内外，自奉儉約，家人操作，亦類布素，夫人率之也。故公無内顧憂，得以安其廉。先公十四年卒。一子浚，咸豐戊午舉於鄉，官内閣中書，光緒庚辰成進士，由侍讀改官禮部郎中。

嗚呼！公與余稼生兄同年舉春官，余與公同官京師久，又同請告。時相過從，白髮聚首，謂可先後終天年。庚子，爲公鄉舉周甲期，詔許重宴鹿鳴，士林方翕然稱慶。不意夏秋間變起倉卒，鑾輿西狩，余二人南北分馳，相繼踉蹌赴行在，因得至公鄉，把袂對泣。公旋仍長秋官，兼辦本省賑務，余亦重莅銓曹。辛丑八月，復同扈蹕北上，乃甫至汴而公病不起。悲夫！悲夫！

今事變日非，他無可爲，惟有效越王生聚教訓一法，盡變天下之官爲師，即變政爲教，刑以弼教。古謂刑官爲士師，士與師皆起於刑。教民之始，未有不用刑者，且未有不詳於輕刑者。輕刑不詳，未有能勝殘去殺者，易所謂「小懲而大誡」也。蓋封建之世，其治民也密；郡縣之世，其治民也疏。密，故輕刑用而不爲苛，教養之法備故也；疏，故輕刑不畏而重刑可以遁，教養之法廢故也。古以兵爲刑之大者，刑固亦可致强。而法經出於李悝，李悝盡地力，熟糴饑糶，即孟子斂發之政。可知李悝法經，必多古治鄉教民遺意。公由漢律窺見法經蘊奥，必有得於封建時治鄉教民之法。倘得隨扈至京師，密陳於聖主之前，以收生聚教訓之效，若開國初政然，使張公復生於今日，當亦遜讓不遑，而謂不如公之得於古者深也。而竟以季秋之晦薨於行，天其無意於中國耶？則余聞耗涕出，固不僅交遊之私情爲之也。

公生於嘉慶庚辰十月初一日亥時，春秋八十有二。遺疏上，朝廷篤念耆臣，賜恤加賞，典禮優隆。飾終諭旨，有「持躬清介，練達老成」，及「治獄廉平，克稱厥職」等語。得此，公亦可以不朽矣。浚將以癸卯二月十九日葬公於祖塋，午山子向，啟張夫人壙合窆焉。來請銘，余烏能辭？銘曰：

鯨鱷吐霧風塵昏，華雲黯淡悲歸魂。孰懷奇計旋乾坤，豐水灣環馬務村。法經中含王道存，生聚教訓抉其根。武鄉治蜀嚴有恩，手書申韓可同論。巨帙哀未獻至尊，首邱有恨聲還吞。况值歸馬如雲屯，一言直告公子孫，大招皋呼向薊門。

光禄大夫刑部尚書薛公狀

姚永樸

曾祖騰彦。祖生莀。父豐泰，縣學生，候選按察司照磨。三世皆累贈光禄大夫。

公諱允升，字克猷，號雲階。世居陝西長安縣灃水西之馬務村。少有節概。道光二十年，舉於鄉，以母姚太夫人年高，數科不應禮部試。咸豐六年，太夫人促之行，遂成進士，授主事，分刑部，尋丁憂歸。服闋，補刑部四川司主事，洊升郎中。同治十一年，俸滿、截取、記名，以繁缺知府用。十二年，授江西饒州府知府。光緒三年，擢四川成緜龍茂道，調署建昌道。四年，升山西按察使。五年，遷山東布政使，署漕運總督。其外任凡七年。在饒州，振興文教。樂平諸縣多械鬥獄，親詣懲辦，悍俗爲衰。在建昌，以番民雜處，威惠並施，境内稱治。及爲臬司，秦、晉、豫皆大祲，而晉尤甚。時曾忠襄公爲巡撫，奏派辦賑，綜核出入，吏斂手蔵事，全活甚衆。爲漕督，會淮上有巨盜爲害未獲，遣幹役偵察，得其巢，督文武員弁緝之。歲除，盜聚飲，不虞騾至，悉數就擒。六年，召爲刑部右侍郎，轉左侍郎，歷禮、兵、工三部，而在兵部爲久。常歎國家養兵外復養勇，帑餉虚糜，因疏論練兵、裁勇事宜，德宗嘉之。十九年，授刑部尚書。

公自入刑曹，即以刑名關民命，非他曹比。律例浩繁，不講明切究之，何由浹熟？乃悉心鉤稽，久之觸類貫通，有詢者應口誦無疑，而其用之也歸於廉平。凡手定案牘，他人不能增損一字，長官倚重，有大獄必屬之公。訊囚如與家人語，務使隱情畢達，枉則爲之平反。始以治王宏罄獄得名，蓋民吕二墮水死，團防局勇誣宏罄，已不勝榜掠，承矣。公覆審，雪其冤。光緒七年，江寧民周五殺朱彪遁，參將胡金傳欲邀功，捕僧紹棕、曲學如論死，爲侍講學士陳寶琛所劾。詔往鞫得實，承審官皆懲辦如律。二十二年，太監李葨材、張受山糾衆逞兇，殺傷捕人，詔刑部從嚴定議具奏。公援光棍例定擬，而總管太監李蓮英爲乞恩皇太后，德宗意變，以例「有傷人致死，按律問擬」之語，令依本律再擬。

公疏言：「李葨材等糾衆殺傷捕人，此非尋常傷人致死可比，臣部遵旨定擬奏聞。今又奉旨再行定擬，臣亦知皇上欽恤刑章，非輕縱宦寺；而天下不以爲聖主之慎刑，而以爲臣部之縱惡。臣部問刑衙門，以飭法明刑爲要，而刑法之允協，以情真罪當爲先。李葨材等一案，論其起畔之由，既非有心致死，固不得謂之謀故殺；論其執械逞兇之情形，又何得謂之鬥毆？既非謀故，又非鬥毆，則與道光年間上諭内「傷人致死」一語，其不能强爲附合也明矣。謀、故、鬥殺，各律均不可擬。將謂之拒捕殺人，按律或可稍稽顯戮，依例亦當立正典刑。然較之光棍例，究有區别。臣愚昧之見，太監與平人不同。我朝家法甚嚴，凡宦寺無不加倍治罪。此出於防微杜漸之深心，故宫禁肅清，爲前代所未有。溯自康熙年間，辦理太監劉進朝一案之後，二百年來若輩不敢以身試法，其爲保全者誠匪淺鮮也。此次從嚴懲治，私心竊謂可邀允準，豈知猶有未愜聖心之處？臣等不能體皇上哀矜之意，已有愧於心；儻又遷就定讞，致情法不得其平，並置初奉諭旨於不顧，則負咎更深。此所以幾經籌畫，幾經詳審，而不敢冒昧從事者也。伏查法令最嚴者，無過光棍一項：爲首者擬斬立決，爲從者俱擬絞監候。秋審入於情實，此又懲强暴，儆凶頑，懔然示人不可輕犯之意。臣等亦知此條不可輕用，惟既經諭旨指明從嚴定擬，舍此再無可引之條。夫立法原以懲惡，而法外亦可施仁。皇上如果俯念輦轂之下貴在肅清，閹宦之流不宜寬縱，則仍照臣等原奏辦理。儻以爲過嚴，或誅首惡而稍寬從犯，是在皇上權衡至當，非臣等所敢定擬也。」

疏入，仍命由部擬定罪名。時李蓮英屬要人關説萬方，各堂司皆不敢堅持，公不爲動。復奏請將張受山立即處斬，李萇材傷人未斃，減爲斬監候。德宗不得已，從之。

二十三年，御史張仲炘奏稱：玉田縣紳民賄買御史溥松，奏參該縣苛派差徭，事成於公從子濟，公又爲籌銷弭策。有旨令大學士徐桐按驗。覆奏無實，猶以不知遠嫌，降三級調用，補宗人府府丞。二十四年，因疾奏請開缺。二十五年，重赴鹿鳴宴，賞加二品頂戴。二十六年，拳匪肇亂，兩宮幸長安。時公歸里，赴行在，復召用爲刑部左侍郎。尋授尚書，以老辭，不允。二十七年九月，回鑾，隨扈北行，卒於河南旅次。優詔憫惜，賜祭葬如例。

公嘗謂乾隆以來，儒者嗜漢學。漢廷治獄，多援經義。其律在今，亦漢學也，何以忽諸？爰廣爲搜録，著漢律輯存六卷、漢律決事比四卷。又謂唐律本於漢律，若明律則多所更改。方今沿用明律，不如唐律遠甚。乃辨其異同，而糾其謬誤，著唐明律合編四十卷。又謂刑律服制門所關尤要，著服制備考四卷。此外尚有讀例存疑五十四卷，由刑部進呈御覽，刊行於世。

娶張氏，封一品夫人。子浚，光緒六年進士，由内閣中書累官禮部郎中，截取繁缺知府。孫承熙，二品廕生，恩賞主事；承謨，一品廕生，恩賞員外郎。

永樸應光緒二十年順天鄉試，受公知，顧未獲聞名於將命者。宣統三年，客京師，從市肆得浚所爲行述。爰撮其大要，並參以見聞，稍加論次，上之史館。謹狀。

清史稿·薛允升傳

薛允升，字雲階，陝西長安人。咸豐六年進士，授刑部主事。累遷郎中，出知江西饒州府。光緒三年，授四川成緜龍茂道，調署建昌。明年，遷山西按察使。值大祲，治賑，綜覈出入，民獲甦。又明年，晉山東布政使，權漕運總督。淮上患劇盜久未獲，允升詗得其巢，遣吏士往捕。歲除夕，盜方飲酒，未戒備，悉就執。六年，召爲刑部侍郎，歷禮、兵、工三部，而佐兵部爲久。念國家養兵勇糜餉糈，因條列練兵、裁勇機宜，上嘉納。十九年，授刑部尚書。

初，允升觀政刑曹，以刑名關民命，窮年討測律例，遇滯義筆諸册，久之有所得。或以律書求解，輒爲開導，而其爲用壹歸廉平。凡所定讞，案法隨科，人莫能增損一字。長官信仗之，有大獄輒以相屬。其鞫囚如與家人語，務使隱情畢達，枉則爲之平反。始以治王宏罄獄顯名。蓋民有墮水死者，團防局勇已不勝榜掠，承矣；允升覆訊，事白。厥後江寧民周五殺朱彪，遁；參將胡金傳欲邀功，捕僧紹棕、曲學如論死。侍讀學士陳寶琛糾彈之，上命允升往按，廉得實，承審官皆懲辦如律。

二十二年，太監李苌材、張受山構衆擊殺捕者，嚴旨付部議。允升擬援光棍例治之，而總管太監李蓮英爲乞恩，太后以例有「傷人致死，按律問擬」一語，敕再議。允升言：「李萇材等一案，既非謀故鬥殺，不得援此語爲符合。且我朝家法嚴，宦寺倍治罪。此次從嚴懲治，不能仰體哀矜之意，已愧於心；倘復遷就定讞，並置初奉諭旨於不顧，則負疚益深。夫立法本以懲惡，而法外亦可施仁。皇上果欲肅清輦轂，裁仰閹宦，則仍依原奏辦理。若以爲過嚴，或誅首而宥從，自在皇上權衡至當，非臣等所敢定擬也。」疏上，仍敕部議罪。其時蓮英遍囑要人求末減，允升不爲動。復奏請處斬張受山，至李萇材傷人未死，量減爲斬監候，從之。

二十三年，其從子濟闗説通賄，御史張仲炘、給事中蔣式芬先後論劾，允升坐不遠嫌，鐫三級，貶授宗人府府丞。次年，謝病歸。

二十六年，拳禍作，兩宮幸西安。允升赴行在，復起用刑部侍郎，尋授尚書。以老辭，不允。二十七年，回鑾，從駕至河南。病卒，卹如制。箸有漢律輯存六卷、漢律決事比四卷、唐明律合編四十卷、服制備考四卷、讀例存疑五十四卷。子浚，光緒六年進士，官禮部郎中。

漢律輯存凡例代薛尚書

沈曾植

蕭何之律，本自李悝。漢晉法家，傳之有緒。而應劭風俗通謂「皋陶謨『虞始造律』，蕭何成以九章」。傅子謂律是「咎繇遺訓，漢命蕭何廣之」。[一] 其在秦時，則呂不韋稱咎繇作刑，韓非謂刑棄灰是殷法，[二] 皆推秦法而傅之古制。九流之學，莫不托始帝皇。然班志言法家本出理官，而李氏系出咎繇，世世司理，以官爲氏，則李悝之學，必有所本。應劭、傅玄之説，不可廢也。漢律文爾雅古質，略與周官禮、大戴禮記、尚書大傳所載古刑名説相類。自晉沿唐，有革有沿，文句大體，實相祖述。攟拾碎遺，研其由趣，斯亦足以觀古會通、察世輕重者矣。

叔孫通益律文爲傍章十八，漢律文多載儀式制度，或疑即傍章之文，而無堅證以明之。其張湯、趙禹、大小杜君之學，漢世傳習由用，陳群、劉劭猶尚及見。而如淳、孟康諸人，稱引

[一] 按，「傅子」，年譜、学海及文集同。錢仲聯言，「一本作『傅玄』」。

[二] 按，「韓非」，年譜、學海同，從；文集作「韓非子」。

舊文，不加識別，後世無從考辨。惜哉！莊周稱刑名比，詳温城董君決事比，漢世與律令同用，今亦附入此類焉。輯律文第一。

漢律有古文。自李斯、趙高以來，故蕭何草律，著試學童史書之法；説文所載，模略可見也。[一]方言、急就、廣雅、釋名所傳故訓，[二]有關刑制，皆法家、漢學所當省覽者。若略人、略賣人之訓，斷以唐律舊注，不以道取爲正，藉方言證之。舉一以反，足可致思。陽湖孫先生嘗欲爲律音義，有由也。輯律詁第二。

漢藝文志録法經而不録律篇，[三]晉中經簿亡不可考，隋經籍志録存魏晉以下之律，獨漢律不存。豈非舊律繁蕪，艱於傳習之故哉？其大略可考者，大抵依晉志爲本，而雜采他書附益之。輯律篇目第三。

漢世法家，頗多異議。復肉刑，減死罪，其大端也。[四]他如復仇、輕侮，柯憲屢易；決囚造獄，小大以情。准通典雜議之例，輯律雜議第四。

[一] 按，「模略」，年譜、學海同，從；學海作「古模略」。

[二] 按，「故訓」，學海、文集作「詁訓」，暫從年譜。

[三] 按，「不録律篇」，年譜、學海同，從；文集作「不録漢律篇」。

[四] 按，「也」，年譜、文集同，從；學海無「也」字。

漢書禮樂志言「禮儀與法令同録，[一]藏於理官」。至魏新律，乃別出常事、品式、章程，[二]各還其府，以爲故事。然則漢律文繁，非獨前後相蒙，亦由所賅廣博故也。諸官儀、典職有關刑名者，非必律文，而可觀漢制。輯爲雜事第五。[三]

經義斷獄，春秋爲宗。公羊在漢世，尤春秋家顯學也，何劭公注多與漢律義相表裏。陽湖劉逢禄治何氏書，集爲律意輕重説一篇。説或舛或漏，不盡可據。今加增考論，仍舊一篇，附於漢律之末，爲何氏公羊律意説第六。[四]

[一] 按，「禮儀」，年譜、文集同，從；學海作「禮義」。

[二] 按，「別出」，年譜、文集同，從；學海作「別書」。

[三] 按，「爲」，年譜、文集同，從，學海脱；「第五」，年譜、文集同，從；學海作「第六」。又，錢仲聯以爲「手稿及文集鈔本皆誤作『第六』」。今正。

[四] 按，「第六」，年譜、文集同，從；學海作「第七」。又，錢仲聯以爲「手稿及文集抄本皆誤作『第七』」。今正。

卷一

漢律輯存合校（上）

漢書高帝紀：高祖常繇戍咸陽。

應劭曰：「繇者，役也。」師古曰：「繇，讀曰徭。」

嘗告歸之田。又見馮野王傳。

孟康曰：「古者名吏休假曰告。漢律，吏二千石，有予告，有賜告。予告者，在官有功最，法所當得也。賜告者，病滿三月當免，天子優賜其告，使得帶印綬、將官屬歸家治病。」李斐曰：「休謁之名，吉曰告，凶曰寧。」

約法三章：殺人者死，傷人及盜抵罪。

服虔曰：「隨輕重制法也。」李奇曰：「傷人有曲直，盜贓有多少，罪名不可豫定。故凡言抵罪，未知抵何罪也。」

二年，漢王屯滎陽，蕭何發關中老弱未傅者悉詣軍。

孟康曰：「古者二十而傅，三年耕有一年儲，故二十三而後役之。」如淳曰：「律，年二十三傅之，疇官各從其父疇學之。漢儀注云：民年二十三爲正，一歲爲衛士，一歲爲材官、騎士，習射御騎馳戰陣。又曰：年五十六衰老，乃得免爲庶民，就田里。今老弱未嘗傅者皆發之。未二十三爲弱，過五十六爲老。」師古曰：「傅，著也。言著名籍，給公家徭役也。」

四年八月，初爲算賦。

如淳曰：「漢儀注：民年十五以上至五十六出賦錢，人百二十爲一算，爲治庫兵車馬。」

五年，赦天下殊死以下。〔一〕詔民以飢餓自賣爲人奴婢者，皆免爲庶人；非七大夫以下，皆復其身及户，勿事。〔二〕後屢有此詔。

〔一〕如淳曰：「死罪之明白也。」韋昭曰：「殊死，斬刑也。」

〔二〕應劭曰：「不輸户賦也。」如淳曰：「事謂役使也。」師古曰：「復其身及一户之内皆不傜賦也。」

田横乘傳詣雒陽。

如淳曰：「律，四馬高足爲置傳，四馬中足爲馳傳，四馬下足爲乘傳，一馬二馬爲軺傳。急者，乘一乘傳。」師古曰：「傳者，若今之驛，古者以車謂之傳車，其後又單置馬謂之驛騎。」

七年春，令郎中有罪耐以上請之。

應劭曰：「輕罪不至於髡，完其耏鬢，故曰耏。古耐字從彡，髮膚之意也。杜林以爲法度之字皆從寸，後改如是。言耐罪已上，皆當先請也。耐音若能。」如淳曰：「耐猶任也，任其事也。」師古曰：「依應氏之説，耏當音而，如氏之解則音乃代反，其義亦兩通，耏謂頰旁毛也。彡，毛髮貌也，音所廉反，又先廉反。而功臣侯表宣曲侯通耏爲鬼薪，則應氏之説斯爲長矣。」

段玉裁説文解字注云：「按，耐之罪輕於髡。髡者，剃髮也。不剃其髮，僅去鬚鬢，是曰耐，亦曰完。謂之完者，言完其髮也。刑法志曰『當髡者完爲城旦舂』，王粲詩『許歷爲完士，一言猶敗秦』，江遂曰『漢令謂完而不髡曰耐』。然則，應仲遠言『完其鬚鬢，止謂去鬢而完其髮耳』。」〔一〕

〔一〕按，在羅列正史或經傳所載時，輯存有時會增補相關資料，如此處所見。若無特殊情況，不再注明。

民産子，復勿事二歲。

師古曰：「勿事，不役使也。」

八年冬，令士卒從軍死者爲槥，歸其縣，縣給其衣衾棺葬具。

應劭曰：「槥，小棺也。」臣瓚曰：「初以槥致其尸於家，縣官更給棺衣更斂之也。」金布令曰『不幸死，死所爲櫝，傳歸所居縣，賜以衣冠』也。」師古曰：「初爲槥櫝，至縣更給衣及棺，備其葬具耳。金布者，令篇名，若今言倉庫令也。」

詔賈人無得衣錦繡綺縠絺紵罽，操兵，乘騎馬。

惠帝紀：即位，賜中郎、郎中以下爵若干級。〔一〕賜給喪事者二千石錢二萬，六百石以上萬，五百石、二百石以下至佐史五千。

如淳曰：「律有斗食、佐史。」韋昭曰：「若今曹史、書佐也。」師古曰：「自五百石以下至於佐史，皆賜五千；今又言二百石者，審備其等也。」

爵五大夫、吏六百石以上及宦皇帝而知名者，〔一〕有罪當盜械者，皆頌繫。〔二〕上造以上及内外公孫、耳孫有罪當刑及當爲城旦舂者，皆耐鬼薪白粲。〔三〕民年七十以上，若不滿十歲，有罪當刑者皆完之。〔四〕

〔一〕按，此句稿鈔本均不完整，據漢書擬補「爵若干」三字。

〔一〕師古曰：「宦皇帝而知名者，謂雖非五大夫爵、六百石吏，而早事惠帝，特爲所知，故亦優之。」

〔二〕如淳曰：「盜者，逃也，恐其逃亡，故著械也。頌者，容也，言見寬容，但處曹吏舍，不入狴牢也。」師古曰：「宦皇帝云云，禮記曰『宦學事師』，謂凡仕宦，非閹寺也。盜械者，凡有罪著械皆得稱焉，不必逃亡也。」

〔三〕應劭曰：「上造，爵滿十六者也。內外公孫謂王侯內外孫也。耳孫，玄孫之子也。今以上造有功勞，內外孫有骨血屬婕，施德布惠，故事從其輕也。城旦者，旦起治城；舂者，婦人不預外徭，但舂作米，皆四歲刑也。今皆就鬼薪、白粲，取薪給宗廟爲鬼薪，坐擇米使正白爲粲，皆三歲刑也。」

〔四〕孟康曰：「不加肉刑髡鬄也。」

元年，民有罪，得買爵三十級以免死罪。

應劭曰：「一級直錢二千，凡爲六萬，若今贖罪人三十匹縑矣。」師古曰：「令出買爵之錢以贖罪。」

四年，省法令妨吏民者，除挾書律。

應劭曰：「挾，藏也。」張晏曰：「秦律，敢有挾書者族。」

六年，令女子年十五以上至三十不嫁五算。

應劭曰：「國語越王勾踐令國中女子年十七不嫁者，父母有罪，欲人民繁息也。漢律，人出一算，算百二十錢，惟賈人與奴婢倍算。今使五算，罪謫之也。」

高后紀：元年，詔前孝惠帝言欲除三族罪、妖言令，議未決而崩，今除之。

師古曰：「罪之重者戮及三族，過誤之語以爲妖言，今謂重酷，皆除之。」

文帝紀：即位後，賜民爵一級，女子百户牛酒，酺五日。

文穎曰：「漢律，三人以上無故群飲酒，罰金四兩，今詔横賜得令會聚飲食五日也。」

元年，盡除收帑相坐律令。又見刑法志。

應劭曰：「秦法，一人有罪，並其室家，今除此律。」

二年，詔賜高年酒肉帛絮。九十以上，長吏閲視，丞若尉致；不滿九十，嗇夫、令史致；二千石遣都吏循行。

如淳曰：「律説，都吏，今督郵是也。閑惠曉事，即爲文無害都吏。」

太僕見馬遺財足，餘皆以給傳置。與高紀注同而稍異。

師古曰：「遺，留也。」如淳曰：「律，四馬高足爲傳置，四馬中足爲乘置，一馬二馬爲軺置，如置急者乘一馬曰乘也。」[一]

五年，除盜鑄錢令，使民得自鑄。賈誼諫曰：法使天下公得雇租鑄銅錫爲錢，敢雜以鉛鐵爲他巧者，其罪黥。曩禁鑄錢，死罪積下；今公鑄錢，黥罪積下。不聽。[二]又見後。

十二年三月，除關無用傳。

張晏曰：「傳，信也，今過所也。」如淳曰：「兩行書繒帛，分持其一，出入關，合之乃得過，謂之傳

[一] 按，此條「師古曰」、「如淳曰」非漢書注原文，而是將相關資料合鈔於一處。若無特殊情況，以下均不再注明。

[二] 按，「賈誼諫曰」一段，語出食貨志。此段文字，傳圖本置於删除符號内，文庫本保留，北大本徑删。後未再見，權且保留。

也。」李奇曰：「傳，棨也。」師古曰：「張説是也。古者或用棨，或用繒帛。棨者，刻木爲合符也。」按，宣帝紀本始四年，以歲不登，詔民以車傳載穀入關者，得毋用傳，則此除關無用傳亦便民之意也。又按，新書壹通篇「所爲建武關、函谷、臨晉關者，大抵備山東諸侯也……豈若定地勢使無可備之患，因行兼愛無私之道，罷關壹通，示天下無以區區獨有關中者。」文帝除關，意者用賈生言歟？

景帝紀：元年七月，詔曰：「吏受所監臨，以飲食免，重；受財物，賤買貴賣，論輕。〔一〕廷尉與丞相更議著令。」〔二〕廷尉信謹與丞相議曰：「吏及諸有秩受其官屬所監、所治、所行、所將，其與飲食計償費，勿論。〔三〕他物，若買故賤，賣故貴，皆坐臧爲盜，没入臧縣官。吏遷徙免罷，受其故官屬所將監治送財物，奪爵爲士伍，免之。〔四〕無爵，罰金二斤，没入所受。有能捕告，畀其所受臧。」

〔一〕師古曰：「帝以爲當時律條吏受所監臨賂遺飲食，即坐免官爵，於法太重；而受所監臨財物及賤買貴賣者，論決太輕，故令更議改之。」

〔二〕師古曰：「著，音著作之著。」

〔三〕師古曰：「計其所費，而償其值，勿論罪也。」

〔四〕師古曰：「謂奪其爵，令爲士伍，又免其官職，即今律所謂除名也。謂之士伍者，言從士卒之伍也。」

二年，令男子年二十始傳。

師古曰：「舊法二十三，今此二十，更爲異制也。」

三年，詔曰：襄平侯嘉〔一〕子恢説不孝，謀反，欲以殺嘉，大逆無道。〔二〕其赦嘉爲襄平侯，及妻子當坐者復故爵。〔三〕論恢説及妻子如法。

〔一〕晉灼曰：「紀通子也。」

〔二〕師古曰：「恢説有私怨於其父，而自謀反，欲令其父坐死也。」

〔三〕如淳曰：「律，大逆無道，父母、妻子、同産皆棄市。今赦其餘子不與恢説謀反者，復其故爵。」

四年春，復置諸關用傳出入。

應劭曰：「文帝十二年，除關無用傳，至此復用傳。以七國新反，備非常。」

中二年，改磔曰棄市。

應劭曰：「先此諸死刑皆磔於市，今改曰棄市，自非妖逆不復磔也。」師古曰：「磔，謂張其尸也。棄市，殺之於市也。謂之棄市者，取刑人於市，與衆棄之也。」

中三年，夏旱，禁酤酒。

師古曰：「酤，謂賣酒也。」

中四年，御史大夫綰：奏禁馬高五尺九寸以上，齒未平，不得出關。

服虔曰：「馬十歲，齒下平。」

赦徒作陽陵者，死罪欲腐者，許之。

蘇林曰：「宮刑，其創腐臭，故曰腐也。」如淳曰：「腐，宮刑也，丈夫割勢，不能復生子，如腐木不生實。」師古曰：「如說是。」

中五年，詔：諸獄疑，若雖文致於法而於人心不厭者，輒讞之。

師古曰：「厭，服也。讞，平議也。」

中六年，定鑄錢僞黃金棄市律。

應劭曰：「文帝五年，聽民放鑄，律尚未除。先時多作僞金，僞金終不可成而徒損費，轉相誑耀，窮則起爲盜賊，故定此律也。」

按，劉向傳「坐鑄僞黃金當伏法」，如淳曰「律，鑄僞黃金棄市」，蓋引此律也。

五月，詔曰：「夫吏者，民之師也，車駕衣服宜稱。〔一〕吏六百石以上，皆長吏也，亡度者或不服吏服，出入閭里，與民亡異。令長吏二千石車朱兩轓，〔二〕千石至六百石朱左轓。車騎從者不稱其官衣服，下吏出入閭巷亡吏體者，二千石上其官屬，三輔舉不如法令者。」先是吏多軍功，車服尚輕，故爲設禁。

〔一〕師古曰：「稱其官也。」

〔二〕應劭曰：「車耳反出，所以爲之藩屏，翳塵泥也。二千石雙朱，其次乃偏其左。⿰車反以簟爲之，或用革。」如淳曰：「轓音反，小車兩屏也。」師古曰：「據許慎、李登說，轓，車之蔽也。左氏傳曰『以藩載欒盈』，即是有障蔽之車也。言車耳反出，非矣。」

詔有司減笞法，定箠令。又見刑法志。「笞者，箠長五尺，其本大一寸，其竹也，末薄半寸，皆平

其節。當笞者笞臀，〔一〕毋得更人，〔二〕畢一罪乃更人。」〔一〕

〔一〕如淳曰：「然則先時笞背也。」

〔二〕師古曰：「謂行笞者不更易人也。」

後元年，詔：「獄疑者讞有司，有司所不能決，移廷尉。有令讞而後不當，讞者不爲失。」

師古曰：「假令讞訖，其理不當，所讞之人不爲罪失。」

夏，大酺五日，民得酤酒。

後二年，詔曰：或詐僞爲吏。

張晏曰：「以詐僞人爲吏也。」臣瓚曰：「律所謂矯枉以爲吏者也。」師古曰：「二説皆非也。直謂詐自稱吏耳。」

詔：廉士寡欲易足。「今訾算十以上乃得宦，廉士算不必衆。有市籍不得宦，無訾又不得宦，朕甚愍之。訾算四得宦，毋令廉士久失職，貪夫長利。」

服虔曰：「訾萬錢，算百二十七也。」應劭曰：「古者疾吏之貪，衣食足知榮辱，限訾十算乃得爲吏。十算，十萬也。賈人有財不得爲吏，廉士無訾又不得宦，故減訾四算得宦矣。」師古曰：「訾讀與貲同。」

武帝紀：元光六年，初算商車。

〔一〕按，「箠者」一段文字，出自漢書刑法志。

李奇曰：「始稅商賈車船，令出算。」

元朔元年，有司奏：「不舉孝，不奉詔，當以不敬論；不察廉，不勝任也，當免。」奏可。

元狩四年，初算緡錢。

李斐曰：「緡，絲也，以貫錢也。一貫千錢，出算二十也。」臣瓚曰：「茂陵書諸賈人末作貰貸，置居邑儲積諸物，及商以取利者，雖無市籍，各以物自占，率緡錢二千而一算。此緡錢是儲錢也。故隨其用所施，施於利重者，其算亦多也。」師古曰：「謂有儲積錢者，計其緡貫而稅之。李說爲是。」

五年，天下馬少，平牡馬匹二十萬。

如淳曰：「貴平牡馬賈，欲使人競畜馬。」

元鼎三年，令民告緡者以其半與之。

孟康曰：「有不輸稅，令民得告言，以半與之。」

五年，列侯坐獻黃金酎祭宗廟不如法奪爵者百六人，丞相趙周下獄死。

服虔曰：「因八月獻酎祭宗廟時，使諸侯各獻金來助祭也。」如淳曰：「漢儀注諸侯王歲以户口酎黄金於漢廟，皇帝臨受獻金，金少不如斤兩，色惡，王削縣，侯免國。」臣瓚曰：「食貨志南越反時，卜式上書願死之。天子下詔褒揚，布告天下，天下莫應。列侯以百數，莫求從軍。至酎飲酒，少府省金，而列侯坐酎金失侯者百餘人。而表云趙周坐爲丞相知列侯酎金輕，下獄自殺，然則知其輕而不糾擿之也。」師古曰：「酎，三重釀醇酒也。」

丁孚漢儀曰：「酎金律，文帝所加，以正月旦作酒，八月成，名酎酒。因令諸侯助祭，貢金。」漢律金布令曰：「皇帝齋宿，親帥群臣承祠宗廟，群臣宜分奉請。諸侯、列侯各以民口數，率千口奉金四兩，奇不滿千口至五百口亦四兩，皆會酎，少府受。又。大鴻臚食邑九真、交趾、日南者，用犀角長九寸以上，若瑇瑁甲一；鬱林用象牙三尺以上，若翡翠各二十，准以當金。」

按，漢律亡於西晉，劉昭不得見此，當亦本丁孚書。

天漢三年，初榷酒酤。

應劭曰：「縣官自酤榷賣酒，小民不復得酤也。」

秋，匈奴入雁門，太守坐畏愞棄市。

如淳曰：「軍法，行逗留畏愞者要斬。」孟康曰：「逗遛，律語也，謂軍行頓止，稽留不進也。」[一]

四年，發天下七科謫出朔方。

張晏曰：「吏有罪一，亡命二，贅壻三，賈人四，故有市籍五，父母有市籍六，大父母有市籍七。」

九月，令死罪入贖錢五十萬減死一等。

昭帝紀：始元五年，夏，罷天下亭母馬及馬弩關。

應劭曰：「武帝數伐匈奴，再擊大宛，馬死略盡，乃令天下諸亭養母馬，欲令其繁孳；又作馬上弩機關，今悉罷之。」孟康曰：「舊馬高五尺六寸齒未平，弩十石以上，皆不得出關，今不禁也。」師古曰：「亭母馬，應説是；馬弩關，孟説是也。」

[一] 按，「孟康曰」一句，見於匈奴傳而非武帝紀；許是因爲兩者内容相近，故被抄録在一起？

六年，詔有司問郡國所舉賢良文學民所疾苦。議罷鹽鐵榷酤。詳見桓寬鹽鐵論。

應劭曰：「武帝時，以國用不足，縣官悉自賣鹽鐵，酤酒。昭帝務本抑末，不與天下争利，故罷之。」

班氏贊曰：「所謂鹽鐵議者，起始元中，徵文學賢良問以治亂，皆對願罷郡國鹽鐵、酒榷、均輸，務本抑末，毋與天下争利，然後教化可興。御史大夫桑弘羊以爲此乃所以安邊境，制四夷，國家大業，不可廢也。當時相詰難，頗有其議文。至宣帝時，汝南桓寬次公治公羊春秋，舉爲郎，至廬江太守丞，博通善屬文，推衍鹽鐵之議，增廣條目，極其論難，著述萬言，欲以究治亂，成一家之法焉。其詞曰：『觀公卿賢良文學之議，異乎吾所聞。聞汝南朱生言，當此之時，英俊並進。賢良茂陵唐生、文學魯國萬生之徒六十有餘人，咸聚闕庭，舒六藝之風，陳治平之原，知者贊其慮，仁者明其施，勇者見其斷，辯者騁其辭，齗齗焉，行行焉。雖未詳備，斯可略觀矣。中山劉子推言王道，撟當世，反諸正，彬彬然弘博君子也。九江祝生奮史魚之節，發憤懣，譏公卿，介然直而不撓，可謂不畏强禦矣。桑大夫攝公卿之柄，不師古始，放於末利，果損其性，以及厥宗。車丞相履伊、吕之列，當軸處中，括囊不言，容身而去，彼哉！彼哉！若夫丞相、御史兩府之士，不能正議，以輔宰相，成同類，長同行，阿意苟合，以悦其上，斗筲之徒，何足選也！』」

以律占租，賣酒升四錢。

如淳曰：「律，諸當占租者，家長身各以其物占，占不以實，家長不身自書，皆罰金二斤，没入所不自占物及賣錢縣官也。」師古曰：「占謂自隱度其實，定其辭也。占音章贍反。下又言占名數，其義並同。今猶謂獄訟之辨曰占，皆其義也。蓋武帝時賦斂繁多，律外而取，今始復舊。」

按，盧文弨曰：「『升』當依通典作『斗』。」沈欽韓疏證云：「漢初酒價如此，至唐貞元二年每斗榷百五十錢，則民酤每斗不下二三百也。」吴翌鳳遜志堂雜鈔云：「漢初承秦之舊，三人以上無故群飲酒，罰金四兩，猶未榷也。武帝始榷酤，昭帝罷之，王莽引詩『無酒酤我』，爲周酒在官之證，設官賣酒，犯科條者罪至死。唐建中以還，私釀、私麴者没入家産。五代法益峻，後漢犯私麴者棄市，後周私麴至五升半者死。宋初，有司議開酒禁，朝廷謂積習已久，開除不便，少寬之，定私麴五十斤、私酒入城至三斗者，始死；後又斷城郭私造二十斤、鄉村三十斤者，始死；敢持酒入京城五十里、諸州二十里内，至五斗者死。所定里數外，有官署酤酒而私酒入其地一石者，棄市。乾德初，詔至城郭五十斤以上、鄉村百斤以上、入禁地三石以上、有官署處五石以上，始死。史稱爲法益輕，亦月攘一雞之類耳。」

元鳳四年，詔三年以前逋更賦未入者，皆勿收。

如淳曰：「更有三品，有卒更，有踐更，有過更。古者正卒無常人，皆當迭爲之，一月一更是爲卒更也。貧者欲得雇更錢者，次直出錢雇之，月二千，是爲踐更也。天下人皆直戍邊三日，亦名爲更，律所謂繇戍也。雖丞相子亦在戍邊之調。不可人人自行三日戍，又行者當自戍三日，不可往便還，因便住一歲一更。諸不行者，皆出錢三百入官，官以給戍者，是爲過更也。律説，卒踐更者，居者，居更縣中五月及更也。後從尉律，卒踐更一月，休十一月也。食貨志曰：『爲更卒，已復爲正，一歲屯戍，一歲力役，三十倍于古。』此漢初因秦法而行之也。後遂改易，有謫乃戍邊一歲耳。逋，未出更錢者也。」

五年，六月，發三輔及郡國惡少年吏有告劾亡者，屯遼東。如淳曰：「告者，爲人所告也。劾者，爲人所劾也。」師古曰：「告劾亡者，謂被告劾而逃亡。」

宣帝紀：邴吉爲廷尉監，憐曾孫之亡辜，使女徒復作趙徵卿、胡組更乳養，私給衣食視遇甚有恩。

李奇曰：「復作者，女徒也。謂輕罪男子守邊一歲，女子軟弱不任守，復令作於官，亦一歲，故謂之復作徒也。」孟康曰：「復音服，謂弛刑徒也。有赦令詔書去其鉗釱赭衣，更犯事，不從徒加，與民爲例，故當復爲官作，滿其本罪年月日，律名爲復作也。」師古曰：「孟說是也。趙、胡皆女徒也，二人更遞乳養曾孫。」

地節二年，詔大將軍光「功德茂盛，復其後世，疇其爵邑，世世毋有所與」。又見王莽傳「益疇爵邑」。

張晏曰：「律，非始封，十減二；疇者，等也，言不復減也。」

三年，詔：「池籞未御幸者假與貧民。」

蘇林曰：「折竹以繩綿連禁籞，使人不得往來，律名爲籞。」應劭曰：「池者，陂池也。籞者，禁苑也。」臣瓚曰：「籞者，所以養鳥也，設爲藩落，周覆其上，令鳥不得出，猶苑之畜獸、池之畜魚也。」

師古曰：「蘇、應二説是。」

四年五月，詔曰：「父子之親、夫婦之道，天性也。雖有禍患，猶蒙死而存之。自今子首匿父母、妻匿夫、孫匿大父母，皆勿坐。其父母匿子、夫匿妻、大父母匿孫，罪殊死，皆上請廷尉以聞。」

師古曰：「凡首匿者，言爲謀首而藏匿罪人。」

詔曰：「令甲，死者不可生，刑者不可息。〔一〕此先帝之所重而吏未稱。今繫者以或掠辜若飢寒瘐死獄中，〔二〕何用心逆人道也！」其令郡國課殿最以聞。

〔一〕文穎曰：「蕭何承秦法所作爲律令，律經是也；天子詔所增損不在律上者爲令，令甲者前帝第一令也。」如淳曰：「令有先後，故有令甲、令乙、令丙。」師古曰：「甲乙者，若令之第一、第二篇耳。」

〔二〕蘇林曰：「瘐，病也。囚徒病，律名爲瘐。」如淳曰：「律，囚以飢寒而死曰瘐。」

元康三年，詔：「今春，五色鳥以萬數飛過屬縣。其令三輔無得以春夏擿巢、探卵，彈射飛鳥。具爲令。」

四年，詔曰：「朕惟耆老之人，髮齒墮落，血氣衰微，亦亡暴虐之心。今或罹文法，拘執囹圄，不終天命，朕甚憐之。自今以來，諸年八十以上，非誣告殺傷人，他皆勿坐。」

神爵三年，詔：「吏不廉平則治道衰。其益吏百石以下奉十五。」

如淳曰：「律，百石奉月六百。」韋昭曰：「若食一斛，則益五斗。」

元帝紀：初元五年，除光禄大夫以下至郎中保父母同産之令。

應劭曰：「舊時相保，一人有過，皆當坐之。」師古曰：「特爲郎中以上除此令者，所以優之也。同産謂兄弟也。」

成帝紀：帝爲太子，初居桂宮。上嘗急召，太子出龍樓門，不敢絶馳道。上聞大説，乃著令，令太子得絶馳道云。

應劭曰：「馳道，天子所行道也，若今之中道。」師古曰：「絶，横度也。」

綏和元年，益大司馬、大司空奉如丞相。

如淳曰：「律，丞相、大司馬、大將軍，奉錢月六萬，御史大夫奉錢四萬也。」

哀帝紀：嗣爲定陶王，好文辭、法律。元延四年，入朝，盡從傅、相、中尉。中山王亦來朝，獨從傅。上怪之，定陶王對曰：「令，諸侯王朝，得從其國二千石，傅、相、中尉皆國二千石，故盡從之。」

詔曰：「諸侯王、列侯、公主、吏二千石及豪富多畜奴婢，田宅無限，與民爭利，百姓失職，重困不足。其議限列。」有司條奏：「諸王、列侯得名田國中，列侯在長安及公主名田縣道，關内侯、吏民名田皆無得過三十頃。諸侯王奴婢二百人，列侯、公主百人，關内侯、吏民三十人。賈人皆不得名田、爲吏，犯者以律論。諸名田、畜奴婢過品，皆没入縣官。」

如淳曰：「名田國中者，自其所食國中也。既收其租税，又自得有私田三十頃。名田縣道者，令甲，諸侯在國，名田他縣，罰金二兩。今列侯即不之國者，雖遥食其國租税，復自得田於他縣道，公主亦如之，不得過三十頃。」

除任子令及誹謗詆欺法。

應劭曰：「任子令者，漢儀注吏二千石以上視事滿三年，得任同産若子一人爲郎。不以德選，故除之。」師古曰：「任者，保也。詆，誣也。」

按，王吉傳宣帝時上疏，「今俗吏得任子弟，率多驕驁，不通古今。宜明選求賢，除任子之令。」注：「子弟以父兄任爲郎。」宣帝時未除，至此始除也。

平帝紀：即位大赦。詔曰：「夫赦令者，將與天下更始，誠欲令百姓改行絜己，全其性命也。往者有司多舉奏赦前事，累增罪過，誅陷無辜，殆非重信慎刑，洒心自新之意也。自今以來，有司無得陳赦前事置奏上。」

元始元年，詔：「天下女徒已論，歸家，出顧山錢，月三百。」

如淳曰：「已論者，罪已定也。令甲，女子犯罪，作如徒六月，顧山遣歸。説以爲當於山伐木，聽使入錢，顧功直，故謂之顧山。」師古曰：「謂女徒論罪已定，並放歸家，不親役之，但令一月出錢三百，以顧人也。爲此恩者，所以行太皇太后之德，施惠政於婦人。」應劭曰：「舊刑鬼薪，取薪於山以給宗廟，今使女徒出錢顧薪，故曰顧山也。」

二年，令中二千石舉治獄平，歲一人。

李奇曰：「吏治獄平端也。」

四年，詔：「婦女非身犯法，及男子年八十以上、七歲以下，家非坐不道、詔所名捕，他皆無得繫。其當驗者，即驗問，定著令。」

五年，徵天下通知逸經、古記、天文、曆算等，在所爲駕一封軺傳。又見前高紀。

如淳曰：「四馬高足爲置傳，四馬中足爲馳傳。律，諸當乘傳及發駕置傳者，皆持尺五寸木傳信，封以御史大夫印章。其乘傳叄封之。叄，三也。有期會，累封兩端，端各兩封，凡四封也。乘置馳傳五封之，兩端各二，中央一也。軺傳兩馬再封之，一馬一封也。」師古曰：「以一馬駕軺車而乘傳。」按，此疑是廏律之文。晉刑法志云：「秦世舊有廏置、乘傳、副車、食廚，漢初承秦不改，後以費廣，稍省，故後漢但設騎置而無車馬。」

田儋傳：儋陽爲縛其奴，從少年至廷欲謁殺奴。

服虔曰：「古殺奴婢皆當告官，儋欲殺，令故詐縛奴以謁也。」師古曰：「陽縛其奴，爲殺奴之狀。」

吳王濞傳：卒踐更，輒予平賈。

服虔曰：「以當爲更卒，出錢三百，謂之過更；自行爲卒，謂之踐更。吳王欲得民心，爲卒者雇其庸隨時月予平賈也。」晉灼曰：「謂借人自代爲卒者，官爲出錢雇其時庸平賈也。」師古曰：「晉說是。」索隱曰：「案，漢律，卒更有三，踐更、居更、過更也。此言踐更輒與平賈者，謂踐更合自出錢，今吳王欲得人心，乃予平賈，官讎之也。予讀曰與。」

楚元王傳：王戊淫暴二人申公、白生，諫不聽，胥靡之。〔一〕衣之赭衣，使杵臼雅舂於市。〔二〕

〔一〕應劭曰：「詩『若此無罪，淪胥以鋪』，胥靡，刑名也。」晉灼曰：「胥，相也；靡，隨也。古者相隨坐輕刑之名。」師古曰：「聯繫使相隨而服役之，故謂之胥靡；猶今之役囚徒，以鎖聯綴耳，晉說近之。而云隨坐輕刑，非也。」

〔二〕晉灼曰：「高肱舉杵，正身而舂之。」師古曰：「木杵而手舂，即今所謂步臼者耳，非碓臼也。」

德爲宗正丞，雜治劉澤詔獄。

師古曰：「雜，謂以他官共治之也。」

每行京兆尹事，多所平反罪人。

蘇林曰：「反，音幡。幡罪人辭，使從輕也。」

劉德子向坐鑄僞黃金當伏法。〔一〕淮南有枕中祕書。向初名更生幼而讀誦，以爲奇，獻之，言黃金可成。費甚多，方不驗，吏劾更生鑄僞黃金，繫，當死。踰冬，減死論。〔二〕

〔一〕如淳曰：「律，鑄僞黃金，棄市也。」

〔二〕服虔曰：「踰冬，至春行寬大而減死罪。」

申屠嘉傳：以材官蹶張。

如淳曰：「材官之多力，能腳踏强弩張之，故曰蹶張。律有蹶張士。」

酈食其傳：令適卒分守成皋。

師古曰：「適讀曰謫，謂卒之有罪謫者，即所謂謫戍。」

淮南王傳：「亡之諸侯，游宦事人，及舍匿者，〔一〕論皆有法。其在王所，吏主者坐。今諸侯子爲吏者，御史主；爲軍吏者，中尉主；客出入殿門者，衛尉、大行主；諸從蠻夷來歸誼，及以亡名數自占者，內史、縣令主；相預委下吏，無與其禍，不可得也。」〔二〕

〔一〕師古曰：「舍匿，謂客止而藏匿也。」

〔二〕師古曰：「言諸侯之相欲委罪於在下小吏而身不干豫之，不可得也。」

按，後文張蒼、馮敬奏辭列厲王罪狀，有「收聚漢、諸侯人及有罪亡者，匿與居，爲治家室，賜與財物、爵禄」，即此書所言也。又按，奏所稱所犯不軌，請論如法，與張湯傳讞法義同。

士伍開章等。

如淳曰：「律，有罪失官爵稱士伍也。」

格明詔，當棄市。

按，此即食貨志所謂「廢格之法」也。義縱傳：縱捕楊可使者，天子聞，以爲廢格沮事，「棄縱市」。蓋同此律條。

衡山王傳：衡山王太子孝聞律先自告除其罪，即先自告所與謀反者枚赫等公卿。孝先自告反，告除其罪。

師古曰：「先告有反謀，又告人與已反，而自得除反罪。」

江充傳：出逢館陶長公主行馳道中，充呵問之。公主曰：「有太后詔。」充曰：「獨公主得行，車騎皆不得。」盡劾，没入官。

如淳曰：「令乙，騎乘車馬行馳道中，已論者，没入車馬、被具。」

萬石君傳：上報慶曰，今流民愈多，孤兒幼年未滿十歲，無罪而坐率，朕失望焉。

服虔曰：「率，坐刑法也。」如淳曰：「率，家長也。」師古曰：「幼年無罪，坐爲父兄所率而並徙。」

梁平王襄傳孫立：謀簒死罪囚。〔一〕天子遣使持節即訊。〔二〕王陽病抵讕，置辭驕嫚，〔三〕不首主令，與背畔無異。〔四〕

〔一〕師古曰：「逆取曰簒。」

〔二〕師古曰：「就問也。」

〔三〕師古曰：「抵，距也。讕，誣讕也。」

〔四〕師古曰：「不首，謂不伏其罪也。主令者，於法令之條與背畔之條無異也。」

晁錯傳：秦之戍卒，名曰謫戍。「先發吏有謫及贅壻、賈人，後以嘗有市籍者，又後以大父母嘗有市籍者，後入閭，取其左。」

孟康曰：「秦時復除者，居閭之左；後發役不供，復役之也。或曰，直先發取其左也。」師古曰：「閭，里門也。居閭之左者，一切皆發之，非謂復除也。」

按，食貨志：「收泰半之賦，發閭左之戍。」應劭曰：「秦時以適發之，名適戍，先發吏有過等。戍者曹輩盡，復入閭，取其左發之，未及取右而秦亡。」師古曰：「此閭左之釋，應最得之。」

徙民實塞下。云迺募罪人及免徒復作令居之。

張晏曰：「募民有罪自首，除罪定輸作者也。復作，如徒也。」臣瓚曰：「募有罪者及罪人遇赦復作竟其日月者，今皆除其罰，令居之也。」

張釋之傳：爲公車令，頃之太子與梁王共車入朝，不下司馬門，釋之追止，太子、梁王毋入殿門，遂劾不下公門，不敬，奏之。

如淳曰：「宮衛令，諸出入殿門、公車司馬門者皆下，不如令，罰金四兩。」

上行，出中渭橋，有一人從橋下走，乘輿馬驚。釋之奏當：此人犯蹕，當罰金。

如淳曰：「乙令，蹕先至而犯者，罰金四兩。」

按，錢大昕三史拾遺：「此漢律文也。二人以上，則罪當加等。漢書作『此人』，於義爲短。」

其後人有盜高廟座前玉環，文帝怒，下廷尉治。釋之案律，盜宗廟服御物者爲奏，當棄市。

按，晉安帝義熙中，劉毅鎮姑孰，嘗出行，而鄢陵縣吏陳滿射鳥，箭誤中直帥。雖不傷人，處法棄市。何承天議論曰：「獄貴情斷，疑則從輕。昔有驚漢文帝乘輿馬者，張釋之斷以犯蹕，罪止罰金。何者？明其無心於驚馬也，故不以乘輿之重而加異制。今滿意在射鳥，非有心於中人。按律，『過誤傷人，三歲刑』。況不傷乎？」此所引律，想係晉律。尚書正義：「漢、魏以來，著律皆云敢盜郊祀、宗廟之物者，無多少皆死，爲特重故也。」孔注：「盜天地宗廟牲同。」

馮唐傳：夫士卒盡家人子，起田中從軍，安知尺籍伍符？

李奇曰：「尺籍所以書軍令。伍符，軍士五五相保之符信也。」如淳曰：「漢軍法曰，吏卒斬首，以尺籍書下縣移郡，令人故行，不行奪勞二歲。伍符亦什伍之符，要節度也。」

汲黯傳：元狩二年，匈奴渾邪王降，發車二萬乘以迎之。及至，賈人與市者，坐當死五百餘人。汲黯曰：渾邪率數萬之衆來降，虛府庫賞賜，發良民侍養，譬若奉驕子，「愚民安知市買長安中物而文吏繩以爲闌出財物於邊關乎？」

應劭曰：「闌，妄也。律，胡市，吏民不得持兵器及鐵出關。雖於京師市買，其法一也。」臣瓚曰：

「無符傳出入爲闌也。」

令黯以諸侯相秩居淮陽。

如淳曰：「諸侯王相在郡守上，秩真二千石。律，真二千石月得百五十斛，歲凡得千八百石耳；二千石月得百二十斛，歲凡得一千四百四十石耳。」

賈山傳：賈山至言：「九十者一子不事，八十者二算不事。」

師古曰：「一子不事，蠲其賦役。二算不事，免二口之算賦也。」

竇嬰傳：孝景時，嬰嘗受遺詔，曰「事有不便，以便宜論上」。及繫，灌夫罪至族，事日急，諸公莫敢明言。嬰乃使昆弟子上書言之。書奏，案尚書，大行無遺詔，詔書獨藏嬰家，嬰家丞封。〔一〕乃劾嬰矯先帝詔，害，罪當棄市。〔二〕

〔一〕孟康曰：「以家丞印封遺詔也。」

〔二〕鄭氏曰：「矯詔有害、不害也。」

衛青傳：蘇建盡亡其軍，獨以身得亡去，自歸青。青問其罪正閎、長史安、議郎周霸等：「建當云何？」霸謂：「建棄軍可斬。」閎、安曰：「不然。兵法，『小敵之堅，大敵之禽也。』今建以數千當單于數萬，力戰一日餘，士皆不敢有二心。自歸而斬之，是示後無反意也，不當斬。」

張晏曰：「正，軍正也。閎，名也。」如淳曰：「律，都軍官長史一人。」

兒寬傳：奏開六輔渠，定水令，以廣溉田。

師古曰：「爲用水之次，具立法令，皆使得所也。」

張湯傳：爲兒守舍，還，鼠盜肉，父怒，笞湯。湯掘熏得鼠及餘肉，劾鼠掠治，傳爰書，訊鞫論報。〔一〕并取鼠與肉，具獄磔堂下。〔二〕

〔一〕師古曰：「傳謂傳逮，若今之追逮赴對也。爰，換也，以文書代換其口辭也。訊，拷問也。鞫，窮也，謂窮核也。論報，謂上論之而獲報也。」

〔二〕師古曰：「具爲治獄之文，處正其罪。」

後爲廷尉，決大獄欲傅古義，乃請博士弟子平亭疑法。奏讞疑，〔一〕必奏先爲上分別其原，上所是，受而著讞法廷尉挈令。〔二〕

〔一〕李奇：「亭，亦平也。」師古曰：「亭，均也，調也，言平疑法及爲讞疑奏之。」

〔二〕韋昭曰：「在版挈也。」師古曰：「著，謂明書之也。挈，獄訟之要也。書於讞法挈令，以爲後式也。」

張安世傳：爲兄賀上書，得下蠶室。

師古曰：「謂腐刑也。凡養蠶者，欲其溫而早成，故爲密室，蓄火以置之。而新腐刑亦有中風之患，須入密室，乃得以全，因呼爲蠶室耳。」

杜周傳：前主所是著爲律，後主所是疏爲令。

師古曰：「著，謂明表也；疏，謂分條也。」

子延年，吏材有餘，補軍司空。

蘇林曰：「主獄官也。」如淳曰：「律，營軍司空、軍中司空各二人。」

賈捐之傳：大司農錢盡，乃以少府禁錢續之。伐朱崖議中語也。

師古曰：「少府錢主供天子，故曰禁錢。」

車千秋傳：子弄父兵，罪當笞；天子之子過誤殺人，當何罪哉？

陳萬年傳：萬年子咸與翟方進有隙，方進奏咸前爲郡守，所在殘酷，主守盜，受所監坐免。

如淳曰：「律，主守而盜直十金，棄市。」師古曰：「受所監法，解在景紀。」

胡建傳：黃帝李法曰：「壁壘已定，穿窬不由路，是謂奸人，奸人者殺。」謹按軍法曰：「正亡屬將軍，將軍有罪以聞，二千石以下行法。」丞於用法疑，執事不諉上，臣謹以斬，昧死以聞。

霍光傳：山曰：丞相擅減宗廟羔、菟、鼃，可以此罪也。

如淳曰：「高后時定令，敢有擅議宗廟者棄市。」師古曰：「羔、菟、鼃，所以供祭也。」

按，韋玄成傳：「高后時，患臣下妄非議先帝宗廟寢園官，故定著令，敢有擅議者棄市。」匡衡奏也。

趙充國傳：辛武賢上書告卬充國子泄省中語。卬坐禁止而入至充國莫府司馬中亂屯兵。又見董賢傳。

如淳曰：「方見禁止而入至充國莫府司馬中。司馬中，律所謂營軍司馬也。」

平當傳：賜君養牛一，上尊酒十石。

如淳曰：「律，稻米一斗得酒一斗爲上尊，稷米一斗得酒一斗爲中尊，粟米一斗得酒一斗爲下尊。」

鮑宣傳：丞相孔光四時行園陵，官屬以令行馳道中。宣出逢之，使吏鉤止丞相掾史，没入其車馬。

如淳曰：「令諸使有制得行馳道中者，行旁道，無得行中央三丈。」

趙廣漢傳：富人蘇回爲郎，二人劫之。廣漢至，使丞曉賊曰：「無得殺質，此宿衛臣也。釋質，束手，得善相遇二人。」驚愕開户，出叩頭，廣漢謝曰：「幸全活郎，甚厚。」送獄，敕吏謹遇，給酒肉。至冬，當出死，豫爲調棺，給斂葬具，告語之，皆曰：「死無所恨！」

師古曰：「劫取其身爲質，令家將財物贖之。」

張敞傳：通行爲之囊橐。

師古曰：「言容止盜賊，若囊橐之盛物也。」

王尊傳：美陽女子告假子不孝，曰：「兒常以我爲妻，妒笞我。」尊曰：「律無妻母之法，聖人所不忍書，此經所謂造獄者也。」取不孝子縣磔著樹，使騎吏五人張弓射殺之。

晉灼曰：「歐陽尚書有此造獄事也。」師古曰：「非常刑名，造殺戮之法。」

河平二年，湖三老公乘興等上書，訟京兆尹王尊。有云：任舉尊者，當獲選舉之辜，不可但已。

胡三省曰：「任，保也。漢法，選舉而其人不稱者與同罪。」

毋將隆傳：傅太后使謁者買諸官婢，賤取之，復取執金吾婢八人。隆奏言賈賤，請更平直。

何並傳：疾病，召丞掾作先令書，〔一〕曰：「告子恢，吾生素餐日久，死雖當得法賻，勿受。」〔二〕

〔一〕師古曰：「先爲遺令也。」

〔二〕如淳曰：「公令，吏死官，得法賻。」師古曰：「贈終者布帛曰賻。」

蕭望之傳：京兆尹張敞言，「願令諸有罪，非盜、受財、殺人及犯法不得赦者，皆得以差入穀此八郡贖罪。」望之等議以爲不可。敞曰：「諸盜及殺人犯不道者，百姓所疾苦也，皆不得贖；首匿、見知縱、所不當得爲之屬，議者或頗言其法可蠲除。今因此令贖，其便明甚，何化之所亂？」

師古曰：「言其罪輕而法重，故常欲除此科條。」

望之曰：「金布令甲曰〔一〕『邊郡數被兵，離飢寒，夭絕天年，父子相失，令天下共給其費』，〔二〕固爲軍旅卒暴之事也。」

〔一〕師古曰：「金布者，令篇名也。其上有府庫金錢布帛之事，因以篇名。令甲，其篇甲乙之次。」

〔二〕師古曰：「同共給之也。自此以上，令甲之文。」

受所監，臧二百五十以上。

師古曰：「二百五十以上者，當時律令坐罪之次，若今律條言一尺以上、一疋以上。」

馮野王傳：遂病，滿三月，賜告，與妻子歸杜陵就醫藥。大將軍鳳風御史中丞劾奏野王：賜告養病而私自便，持虎符出界歸家，奉詔不敬。杜欽爲野王言曰：「竊見令曰，吏二千石告，過長安謁，〔一〕不分別予賜。〔二〕今有司以爲予告得歸，賜告不得，是一律兩科，失省刑之意。

夫三最予告，令也；〔三〕病滿三月賜告，詔恩也。令告則得，詔恩則不得，失輕重之差。又二千石病賜告得歸有故事，不得去郡亡著令。〔四〕傳曰：『賞疑從予，所以廣恩勸功也；罰疑從去，所以慎刑闕難知也。』今釋令與故事而假不敬之法，〔五〕甚違闕疑從去之意。即以二千石守千里之地，任兵馬之重，不宜去郡，將以制刑爲後法者，則野王之罪，在未制令前也。刑賞大信，不可不慎。」鳳不聽，竟免野王。郡國二千石病賜告不得歸家，自此始。

〔一〕如淳曰：「謁者，自白得告也。律，二千石以上告歸、歸寧，道不過行在所者，便道之官無辭。」

〔二〕如淳曰：「予，予告也。賜，賜告也。」

〔三〕師古曰：「在官連有三最，則得予告也。」

〔四〕如淳曰：「律施行無不得去郡之文也。」

〔五〕師古曰：「釋，廢棄也。假，謂假託法律而致其罪。」

按，漢律，吏二千石有予告，有賜告。予告者，在官有功最，法所當得也；賜告，有病滿三月，當免，天子優賜其告，使得帶印綬、將官署歸家治病。見高帝紀注。

匡衡傳：司隸校尉駿等劾奏衡監臨盜所主守直十金以上，免爲庶人。

師古曰：「十金以上，當時律定罪之次，若今律條言一尺以上、一匹以上。」

孔光傳：定陵侯淳于長坐大逆誅。長小妻迺始等六人皆以長事未發覺時棄去，或更嫁。及長事發，丞相方進、大司空武議，以爲「令，犯法者各以法時律令論之，明有所訖也。〔一〕長犯大逆時，迺始等見爲長妻，已有當坐之罪，與身犯法無異。後迺棄去，於法無以解。請論」。光議以爲「大逆無道，父母、妻子、同産無少長皆棄市，此所引律文較景紀多「無少長」三字。欲懲後犯法者也。夫婦之道，有義則合，無義則離。長未自知當坐大逆之法，而棄去迺始等，或更嫁，義已絶，而欲以爲長妻論殺之，名不正，不當坐」。有詔光議是。〔二〕

〔一〕師古曰：「訖，止也。」

〔二〕師古曰：「此具引令條之文也。法時，謂始犯法之時也。」

薛宣傳：博士申咸毀宣，不宜復列封侯在朝省。宣子況爲右曹侍郎，數聞其語。賕客楊明，欲令創咸面目，使不居位。〔一〕會司隸缺，況恐咸爲之，遂令明遮斫咸宮門外，斷鼻脣，身八創。事下有司，御史中丞衆等奏：「況朝臣，父故宰相。知咸恐爲司隸舉奏宣，而公令明等迫切宮闕，要遮創戮近臣於大道人衆中，欲以鬲塞聰明，杜絶議論之端。不與凡民忿怒争鬥者同。臣聞敬近臣，爲近主也。禮，下公門，式路馬，君畜産且猶敬之。春秋之義，意惡功遂，不免於誅，〔二〕上浸之源不可長也。況首爲惡，明手傷，功意俱惡，皆大不敬。明當以重論，及況皆棄市。」廷尉直以爲：「律曰，『鬭以刃傷人，完爲城旦，其賊加罪一等，與謀者同罪。』詔書無以詆欺成罪。傳曰：『遇人不以義而見痏者，與痏人之罪鈞，惡不直也。』〔三〕咸厚善修宣之弟，而素稱宣惡，流聞不誼，不可謂直。況以故傷咸，計謀已定。後聞置司隸，因前謀而趣明趣讀曰促，非以恐咸爲司隸故造謀也。本争私變，雖於掖門外傷咸道中，與凡民争鬥無異。

殺人者死，傷人者刑，古今之通道，三代所不易也。今以況爲首惡，明手傷爲大不敬，公私無差。春秋之義，原心定罪。原況以父見謗發忿怒，無他大惡。加詆欺，輯小過成大辟，陷死刑，違明詔，恐非法意，不可施行。聖王不以怒增刑。明當以賊傷人不直，況與謀者皆爵減完爲城旦。」〔四〕公卿皆是廷尉。況竟減罪一等，徙敦煌。

〔一〕師古曰：「創，謂傷之也。」

〔二〕師古曰：「遂，成也。言舉意不善，雖有成功，猶加誅。」

〔三〕應劭曰：「以杖手毆擊人，剝其皮膚，腫起青黑而無創瘢者，律謂疻痏。遇人不以義爲不直，雖見毆與毆人罪同也。」

〔四〕師古曰：「以其身有爵級，故得減罪而爲完也。況身及同謀之人，皆從此科。」

翟方進傳：丞相宣以一不道賊。此平當等劾奏方進之語也。

如淳曰：「律，殺不辜一家三人爲不道。」

楊雄傳：解嘲「結以倚廬」。

孟康曰：「在倚廬中行服三年也。」應劭曰：「漢律，以不爲親行三年服，不得選舉。」師古曰：「倚廬，倚牆至地而爲之，無楣柱。」

按，漢自文帝遺詔，以日易月，後遂爲常。故翟方進後母終，「既葬三十六日，除服，起視事，自以身備漢相，不敢踰國家之制」。後漢劉愷所謂「舊制，公卿二千石、刺史不得行三年喪也」。至哀帝時，博士弟子父母死，予寧三年。鄧太后詔長吏以下不爲親行服者，不得典城選舉。安帝元初三年，初聽大臣二千石刺史行三年喪。建光元年斷之。桓帝永興二年，又聽刺史、二千石行三年喪服。延熹二年復斷之。梁氏玉繩曰：「此律不知何時所定，蓋爲未入吏人立法，二千石以上不用此律也。」

趙禹傳：趙禹爲丞相長史，周亞夫弗任，曰：「極知禹無害，然文深，不可以居大府。」

胡三省曰：漢書音義曰：「文無所枉害。」蕭何以文無害爲沛主掾。案，律有無害都吏，如今言公平吏。[二]

按，宋王楙野客叢書云：「蕭何以文無害爲沛主吏掾。趙禹爲丞相長史，亞夫吏府中皆稱其廉平，然亞夫不任，曰：『極知禹無害，然文深，不可居大府。』張湯給事内史，爲寧氏掾，以湯爲無害，言大府。顔師古注：『無害，言最勝；又曰，傷害也，言無人能傷害之者。』僕觀後漢百官志『秋冬遣無害都吏，按訊諸囚』，注『案，律有無害都吏，如今言公平吏。漢書音義曰：文無所枉害。蕭何以文無害爲沛主吏掾』，正如此也，乃知無害吏亦漢律中語。齊永明間，策文亦曰『賢牧分陝，文而無害』，此意正與蕭何文無害同，良注『守文法不害於人』，則與師古之言異。」

義縱傳：爲定襄太守。掩獄中重罪二百餘人，及賓客、昆弟、私入相見者亦二百餘人。縱一切捕鞠，曰「爲死罪解脱」。皆報殺四百餘人。

孟康曰：「律，諸囚徒私解脱桎梏、鉗赭，加罪一等，爲人解脱與同罪。縱鞠相賂餉者二百人，以爲解

[二] 按，此條據通鑑胡三省注調整語序。

脱死罪，盡殺之。」

楊可方受告緡，縱以爲此亂民，部吏捕其爲可使者。天子聞，使杜式治，以爲廢格沮事，棄縱市。

孟康曰：「武帝使楊可主告緡，没入其財物，縱捕爲可使者。此爲廢格詔書，沮已成之事也。」師古曰：「沮，壞也。格讀曰閣。」

咸宣傳：吏民益輕犯法，盜賊滋起。於是作沈命法曰：「群盜起不發覺，發覺而弗捕滿品者，二千石以下至小吏主者皆死。」其後小吏畏誅，雖有盜弗敢發，恐不能得，坐課累府，府亦使不言。故盜賊寖多，上下相爲匿，以避文法焉。

師古曰：「品，率也，以人數爲率也。」

田延年傳：初，大司農取民牛車三萬兩爲僦，車直千錢。延年上簿詐增僦直錢二千，凡六千萬，盜取其半。丞相議奏延年，主守盜三千萬，不道。延年自殺。

師古曰：「一乘爲一兩。僦，謂賃之與顧直也。」

嚴延年傳：事下御史中丞，譴責延年何以不移書宫殿門禁止大司農，而令得出入宫。於是覆劾延年，闌内罪人，法至死。

張晏曰：「故事，有所劾奏，並移宫門，禁止不得入。」

董賢傳：哀帝崩，莽以太后指使尚書劾董賢，禁止賢不得入出宫殿司馬中。

如淳曰：「司馬中，律所謂營軍司馬中也。」

匈奴傳：雁門尉史行徼，見寇，保此亭。

師古曰：「漢律，近塞郡皆置尉，百里一人，士史、尉史各二人，巡行徼塞也。」

西域傳：武帝末年，詔「當今務在禁苛暴，止擅賦，力本農，修馬復令，以補缺，毋乏武備而已」。

孟康曰：「先是令長吏各以秩養馬，亭有牝馬，民養馬皆復不事。後馬多絕乏，至此復修之也。」師古曰：「此説非也。馬復，因養以馬免徭賦也。」

孝昭上官皇后傳：上官桀妻父所幸充國爲太醫監，闌入殿中，下獄當死。冬月且盡，蓋主爲充國入馬二千匹贖罪，乃得減死論。

胡三省曰：「闌，妄也。漢制，諸入宫殿門皆著籍，無籍而妄入謂之闌入。」

孝宣許皇后傳：父廣漢，少時爲昌邑王郎。從武帝上甘泉，誤取他郎鞍以被其馬，發覺，吏劾從行而盜，當死。有詔募下蠶室。後爲宦者丞。

孟康曰：「死罪囚欲就宫者聽之。」

食貨志：文帝從鼂錯之言，令民入粟邊，以受爵免罪：六百石爵上造，稍增至四千石爲五大夫，萬二千石爲大庶長，各以多少級數爲差。

又，民有車騎馬一匹者，復卒三人。

如淳曰：「復三卒之算錢也。或曰，除三夫不作甲卒也。」師古曰：「當爲卒者，免其三人；不爲卒者，復其錢耳。」

景帝時，復修賣爵令而裁其賈以招民，及徒復作，得輸粟於縣官以除罪。

師古曰：「裁，謂減省也。」

高祖時，令賈人不得衣絲、乘車，重稅租以困辱之。孝惠、高后時，爲天下初定，復弛商賈之律，然市井子孫亦不得宦爲吏。

武帝時，大司農陳臧錢經用，賦稅既竭，不足以奉戰士。有司請令民得買爵及贖禁錮免減罪；請置賞官，名曰武功爵。級十七萬，凡直三十餘萬金。諸買武功爵官首者試補吏，先除；千夫如五大夫；其有罪又減二等；爵得至樂卿。

師古曰：「樂卿，爵武功第八等也。言買爵惟得至第八也。」

自公孫弘以春秋之義繩下，張湯以峻文決理爲廷尉，於是見知之法生，而廢格沮誹窮治之獄用矣。

張晏曰：「吏見知不舉劾爲故縱，官有所作，廢格沮壞誹謗，則窮治之也。」如淳曰：「廢格天子文法，使不行。誹謂非上所行，若顏異反脣之比也。」

又與公卿議，更造錢幣。有司言：「今半兩錢法重四銖，而奸或盜摩錢質而取鋊，錢益輕薄而物貴。」乃造銀、錫、白金三品，令縣官銷半兩錢，更鑄三銖錢。盜鑄諸金錢罪皆死。

如淳曰：「錢一面有文，一面幕，幕爲質。民盜摩漫面而取其鋊，以更鑄作錢也。」臣瓚曰：「許慎曰

『鋊，銅屑也』。摩錢漫面而取其屑，更以鑄錢。西京黃圖敘曰『民摩錢取屑』是也。」師古曰：「鋊，音浴。瓚説是也。」

鹽鐵丞孔僅、咸陽言：「願募民自給費，因官器作鬻鹽，官與牢盆。敢私鑄鐵器、鬻鹽者，釱左趾，没入其器物。」

師古曰：「釱，足鉗也。」

商賈以幣之變，多積貨逐利。於是公卿言：「異時算軺車賈人之緡錢皆有差，請算如故。諸賈人末作貰貸賣買，居邑貯積諸物，〔一〕及商以取利者，雖無市籍，各以其物自占，〔二〕率緡錢二千而算一。諸作有租及鑄，〔三〕率緡錢四千算一。非吏比者、三老、北邊騎士，軺車一算；〔四〕商賈人軺車二算；〔五〕船五丈以上一算。匿不自占，占不悉，戍邊一歲，没入緡錢。有能告者，以其半畀之。賈人有市籍，及家屬，皆無得名田。敢犯令，没入田貨。」

〔一〕師古曰：「貰，賒也。貸，爲假與也。」

〔二〕師古曰：「占，隱度也。各隱度其財物品多少，而爲名簿送之於官也。」

〔三〕如淳曰：「以手力所作而賣之者。」

〔四〕師古曰：「比，例也。身非爲吏之例，非爲三老、非爲北邊騎士而有軺車，皆令出一算。」

〔五〕如淳曰：「商賈人有軺車，又使多出一算，重其賦。」

上與張湯既造白鹿皮幣，問大農顔異。異曰：「今王侯朝賀以倉璧，直數千，而其皮薦反四十萬，本末不相稱。」天子不悦。湯又與異有隙，及人有告異以它議，事下湯治。異與客語，客語初令下有不便者，異不應，微反脣。〔一〕湯奏當：異九卿，見令不便不入言而腹非，論死。自是後，有腹非之法比。既下緡錢令而尊卜式，百姓終莫分財佐縣官，於是告緡錢縱矣。〔二〕

〔一〕師古曰：「蓋非之。」

〔二〕李奇曰：「異與客語，道詔令初下，有不便處。」

元帝時，貢禹言：「鑄錢采銅，一歲十萬人不耕，民坐盜鑄陷刑者多。宜罷采珠玉金銀鑄錢之官，毋復以爲幣，除其販賣租銖之律」。

師古曰：「租銖，謂計其所賣物價，平其錙銖而收租也。」

王莽時，下詔曰：「周禮有賒貸，樂語有五均，傳記各有斡焉。」遂於長安及五都立五均官。羲和魯匡言：「名山大澤，鹽鐵錢布帛，五均賒貸，斡在縣官。惟酒酤獨無斡。請法古，令官作酒，以二千五百石爲一均，率開一盧以賣，讎五十釀爲准。」

師古曰：「斡，謂主領也。」

溝洫志：河平元年，卒治河者爲著外繇六月。

如淳曰：「律説，戍邊一歲當罷，若有急，當留守六月。今以卒治河之故，復留六月。」孟康曰：「外繇，戍邊也。治水不復戍邊也。」師古曰：「如、孟二説皆非也。以卒治河有勞，雖執役日近，皆得比繇戍六月也。著，謂著於簿籍也，音竹助反。下云『非受平賈，爲著外繇』，其義亦同。」

治河卒非受平賈者，爲著外繇六月。

蘇林曰：「平賈，以錢取人作卒，顧其時庸之平賈也。」如淳曰：「律說，平賈一月，得錢二千。」

藝文志：漢興，蕭何草律，亦著其法曰：「太史試學童，能諷書九千字以上，乃得爲史。又以六體試之，課最者以爲尚書、御史、史書令史。吏民上書，字或不正，輒舉劾。」六體者，古文、奇字、篆書、隸書、繆篆、蟲書，皆所以通知古今文字，摹印章，書幡信也。

按，説文叙引此文，稱尉律學僮下有「十七已上」字，「諷」下有「籀」字，「乃」上無「以上」字，「試之」下有「郡移太史並」字，末作「以爲尚書史。書或不正，輒取劾之」。

諸侯王表：武有淮南、衡山之謀，作左官之律，〔一〕設附益之法。〔二〕

〔一〕服虔曰：「仕於諸侯爲左官，絶不得使仕於王侯也。」應劭曰：「人道尚右，今舍天子而仕諸侯，故謂之左官。」師古曰：「左官猶言左道也，皆僻左不正。漢時依上古法，朝廷之列以右爲尊，故謂降秩爲左遷，仕諸侯爲左遷也。」

〔二〕張晏曰：「律鄭氏説，封諸侯過限曰附益。或曰阿媚王侯，有重法也。」

按，兩龔傳「楚人也，以王國人不得宿衛」，彭宣傳「淮陽陽夏人也，遷廷尉，以王國人出爲太原守」。

李奇曰：「初，漢制王國人不得在京師。」〔三〕

百官公卿表：奉常有均官、都水兩長丞。

如淳曰：「律，都水治渠隄水門。」

〔三〕按，此句末有「此下接寫王子侯表八頁」一句，不解其意，暫且刪除。

宗正屬官有都司空令丞。

如淳曰：「律，司空主水及罪人。賈誼曰：『輸之司空，編之徒官。』」

少府屬官有若盧。

服虔曰：「若盧，詔獄也。」鄧展曰：「舊洛陽兩獄，一名若盧，主受親戚婦女。」如淳曰：「若盧，官名也，藏兵器。品令曰：若盧郎中二十人，主弩射。漢儀注有若盧獄令，主治庫兵將相大臣。」

文獻通考載西漢獄名：

中都官獄。宣帝紀。徐氏曰：「按，後漢百官志云：孝武以下，置中都官獄二十六所，各令長名。」

廷尉詔獄。周勃詣廷尉詔獄。

上林詔獄。成帝紀：罷上林詔獄。師古曰：「漢舊儀云：上林詔獄主治苑中禽獸宫館事。」

郡邸獄。宣帝紀：曾孫坐收郡邸獄。注云：「漢舊儀，郡邸獄治天下郡國上計者。」

掖庭祕獄。劉輔繫掖庭秘獄。三輔黄圖云：「武帝改永巷爲掖庭，置獄焉。」

共工獄。劉輔傳：徙繫共工獄。注：「考工也。」

若盧詔獄。王商詣若盧詔獄。

都船獄。王嘉致都船獄。

都司空獄。竇嬰劾繫都司空獄。又，伍被傳：爲左右都司空詔獄書。

居室。灌夫傳：劾夫，繫居室。注云：「後改爲保宮。」

保宮。李陵母繫保宮。

内官。東方朔傳：昭平君獄繫内官。

請室。袁盎傳：絳侯反，繫請室。注：「獄也。」

導官。張湯傳：廷尉［史］謁居弟繫導官。

暴官。宣帝紀。注云：「暴室，宮人獄。」

水司空。伍被傳。注云：「上林有水司空，主囚徒官。」

容齋洪氏隨筆曰：「漢以廷尉主刑獄，而中都他獄亦不一。宗正屬官有左右都司空，鴻臚有别火令丞、郡邸獄，少府有若盧獄令、考工、共工獄，執金吾有寺互、都船獄。又有上林詔獄、水司空、掖庭祕獄、暴室、請室、居室徒官之名。張湯傳蘇林曰：『漢儀注獄二十六所。』東漢志云：『孝武帝所置，世祖皆省之。』後世俱無如是之多。」[一]

史記呂后紀：滕公迺召乘輿車載少帝出。

［一］按，從「文獻通考載西漢獄名」至「容齋洪氏隨筆」，書寫在長粘紙上，均見於文獻通考；通考所載，源自徐天麟之西漢會要，「中都官獄」條所見「徐氏曰」即明證。又，「後世俱無如是之多」句，非洪氏原文，似是輯録者概括之語。

集解蔡邕曰：「律曰，『敢盜乘輿服御物』。天子至尊，不敢渫瀆言之，故托於乘輿也。又，天子以天下爲家，不以京師宮室爲常處，則當乘車輿以行天下，故群臣托乘輿以言之，故或謂之『車駕』。」

商君傳：匿奸者與降敵同罰。

索隱：「律，降敵者誅其身，没其家，匿奸者當與同罰。」

李斯傳：商君之法，刑棄灰於道者。

正義：「棄灰於道者，黥也。韓子曰：『殷之法，棄灰於衢者刑。子貢以爲重，問之。仲尼曰：灰棄於衢必燔，人必怒，怒則鬭，鬭則三族，雖刑之可也。』」

吴王濞傳：使人爲秋請。

孟康曰：「律，春曰朝，秋曰請，如古諸侯朝聘也。」如淳曰：「濞不得行，使人代己致請禮也。」

魏其侯傳：太后除嬰門籍，不得入朝請。

集解：「律，諸侯春朝天子曰朝，秋曰請。」

汲黯傳：治官理民，好清静，擇丞史而用之。

如淳曰：「律，太守、都尉、諸侯内史，史各一人，卒史、書佐各十人。」

後漢書光武帝紀：建武二年五月，詔曰：「民有嫁妻、賣子欲歸父母者，恣聽之。敢拘執，論如律。」

三年，詔曰：「吏不滿六百石，下至墨綬長、相，有罪先請。男子八十以上、十歲以下及婦人從坐者，自非不道、詔所名捕，皆不得繫。〔一〕當驗問者即就驗，女徒雇山歸家。」〔二〕

〔一〕詔書有名而特捕者。

〔二〕令甲，女子犯徒遣歸家，每月出錢雇人於山伐，本名之曰雇山。

七年五月，詔吏人遭飢亂及爲賊所掠爲奴婢、下妻，欲去留者，恣聽之。〔一〕敢拘制不還，以賣人法從事。〔二〕

〔一〕注：「不以道取爲略。」

〔二〕顧亭林日知録云：「言比略賣人口律罪之，重其法也。」注：「惠氏曰：盜律曰『略人、略賣人、和賣人爲奴婢者死』，陳群新律序曰『盜律有和賣買人』。案，此則漢律篇有賣人之條。前二年詔曰，『敢拘執，論如律』。所謂律者，即賣人法也。」〔三〕

十一年二月，詔曰：「天地之性人爲貴。其殺奴婢，不得減罪。」

八月，詔：「敢炙灼奴婢，論如律，免所炙灼者爲庶人。」

十月，詔除奴婢射傷人棄市律。

十二年，詔邊吏力不足戰則守，追虜料敵不拘以逗留法。

〔三〕按，此條見於日知録，「惠氏曰」等内容源自黄汝成集釋。

說文曰：「逗，留止也。」前書音義曰：「逗是曲行避敵也。」漢法，軍行逗留畏愞者，斬；追虜或近或遠，量敵進退，不拘以軍法，直取勝敵爲務也。

十六年十月，遣使者下郡國，聽群盜自相糾擿擿，猶發也，五人共斬一人者，除其罪；吏雖逗留回避故縱者，皆勿問，聽以禽討爲效。其牧守令長坐界内盜賊而不收捕者，又以畏愞捐城委守者，皆不以爲負，但取獲賊多少爲殿最，唯蔽匿者乃罪之。於是更相追捕，賊並解散。

十八年四月，詔曰：「今邊郡盜穀五十斛，罪至於死，開殘吏妄殺之路，其蠲除此法，同之内郡。」

二十四年，詔有司申明舊制阿附蕃王法。

武帝時，有淮南、衡山之謀，作左官之律，設附益之法。是爲舊制，今更申明之。

二十八年十月，詔死罪繫囚皆一切募下蠶室，其女子宮。

明帝紀：顯宗即位，詔：「中二千石下至黄綬，貶秩贖論者，悉皆復秩還贖。」

「天下亡命、殊死以下，聽得贖論；死罪入縑二十匹，右趾至髡鉗城旦舂十匹，完城旦舂至司寇作三匹。其未發覺，詔書到先自告者，半入贖。」

完者，謂不加髡鉗而築城也。次鬼薪、白粲，次隸臣妾，次司寇作。

永平八年十月，詔三公募郡國中都官死罪繫囚，減罪一等，勿笞，詣度遼將軍營，屯朔方、五原之邊縣；妻子自隨，便占著邊縣；父母同産欲相代者，恣聽之。

占著謂附名籍。

十五年，令天下大酺五日。

漢律，「三人以上無故群飲，罰金四兩」。今恩詔横賜，得令聚會飲食數日也。

遺詔無起寢廟。敢有所興作者，以擅議宗廟法從事。

前書曰：「擅議宗廟者棄市。」

肅宗章帝紀：詔天下繫囚減死一等，勿笞，詣邊戍；妻子自隨，占著所在；父母、同産欲相從者，恣聽之；有不到者，皆以乏軍興論。漢世屢有是詔。

軍興而致闕乏，當死刑也。

元和元年，詔曰：「律云『掠者，惟得榜、笞、立』。〔一〕又，令丙『箠長短有數』。」〔二〕

〔一〕蒼頡篇曰：「掠，問也。」廣雅曰：「榜，繫也，音彭。」説文云：「笞，擊也。」立，謂立而拷訊之。

〔二〕令丙爲篇之次也。前書音義曰：「令有先後，有令甲、令乙、令丙。」又，景帝定箠令，箠長五尺，本大一寸。其竹也，末薄半寸，其平去節，故云長短有數也。

十二月，詔曰：「書云『父不慈，子不祇，兄不友，弟不恭，不相及也』。往者妖言大獄，所及廣遠，一人犯罪，禁至三屬，莫得垂纓仕宦王朝。朕甚憐之。諸以前妖惡禁錮者，一皆蠲除之，以明棄咎之路，但不得在宿衛而已。」

二年正月，詔曰：「令云『人有産子者復，勿算三歲』。今諸懷妊者，賜胎養穀人三斛，復其夫，勿算一歲，著爲令。」

二年七月，詔曰：「春秋於春每月書『王』者，重三正，慎三徵也。律，十二月立春，不以報囚。月令冬至之後，有順陽助生之文，而無鞫獄斷刑之政。朕諮訪儒雅，稽之典籍，以爲王者生殺，宜順時氣。其定律，無以十一月、十二月報囚。」

報，猶論也。立春，陽氣至，可以施生，故不論囚。

安帝紀：元初五年七月，詔曰「舊令制度，各有科品」。

注：漢令今亡。

順帝紀：永建元年，詔「坐法當徙，勿徙；亡徙當傳，勿傳」。

徙囚逃亡當傳捕者，放之勿捕。

明德馬皇后紀：朔望諸姬主朝請。

漢律，春曰朝，秋曰請。

卓茂傳：卓茂爲密令，視民如子。民嘗有言部亭長受其米肉遺者。茂曰：「亭長爲從汝求乎？爲汝有事囑之而受乎？將平居自以恩意遺之乎？」民曰：「往遺之耳。」茂曰：「遺之而受，何故言邪？」曰：「竊聞賢明之君，使民不畏吏，吏不取民。今我畏吏，是以遺之。吏既卒受，故來言耳。」茂曰：「汝爲敝民矣。凡人所以群居不亂異於禽獸者，以有仁愛，知相敬事也。吏顧不當乘威力强請求耳。汝獨不欲修之，寧能高飛遠走，不在人間邪？亭長素善吏，歲時遺之，禮也。」民曰：「苟如此，律何故禁之？」茂笑曰：「律設大法，禮順人情。今我以禮教汝，必無怨惡；以律治汝，何所措其手足乎？一門之内，小者可論，大者可殺也，且歸念之。」

杜林傳：群臣上言：「古者肉刑嚴重，則民畏法令；今憲律輕薄，故奸軌不勝。宜增科禁，以防其源。」林奏曰：「夫人情挫辱，則義節之風損；法防繁多，則苟免之行興。古之明王，深識遠慮，動居其厚，不務多辟。周之五刑，不過三千。大漢初興，詳覽失得，故破矩爲圓，斲雕爲樸，蠲除苛政，更立疏網，海内歡欣，人懷寬德。及至其後，漸以滋章，吹毛索疵，詆欺無限。果桃茹菜之饋，集以成臧；小事無妨於義，以爲大戮。故國無廉士，家無完行。至於法不能禁，令不能止，上下相遁，爲敝彌深。臣愚以爲宜如舊制，不合翻移。」

梁統傳：統在朝廷，數陳便宜，以爲法令既輕，下奸不勝，宜重刑罰，以遵舊典，乃上疏曰：「臣竊見元、哀二帝，輕殊死之刑以一百二十三事，手殺人者減死一等。自是以後，著爲常准，故人輕犯法，吏易殺人。臣聞立君之道，仁義爲主。仁者愛人，義者政理，愛人以除殘爲務，政理以去亂爲心。刑罰在衷，無取於輕，是以五帝有流、殛、放、殺之誅，三王有大辟、刻肌之法。故孔子稱『仁者必有勇』，又曰『理財正辭，禁民爲匪曰義』。高帝受命，誅暴，平蕩天下，約令定律，誠得其宜。文帝寬惠柔克，遭世平康，唯除省肉刑、相坐之法，它皆率由，無革舊章。〔一〕武帝值中國隆盛，財力有餘，征伐遠方，軍役數興，豪桀犯禁，奸吏弄法，故重首匿之科，著知從之律，〔二〕以破朋黨，以懲隱匿。宣帝聰明正直，總御海内，臣下奉憲，無所失墜，因循先典，天下稱理。至哀、平繼體而即位日淺，聽斷尚寡，丞相王嘉輕爲穿鑿，虧除先帝舊約成律。數年之間，百有餘事，或不便於理，或不厭民心。謹表其尤害於體者，傅奏於左。」

〔一〕秦法，一人有罪，並坐其家室。〔文帝除肉刑並相坐律，餘則仍舊不改。〕

〔二〕凡首匿者，爲謀首，藏匿罪人。至宣帝時，除子匿父母、妻匿夫、孫匿祖父母罪，餘至殊死上請。知從謂見知故縱。武帝時，立見知故縱之罪，使張湯等著律。

又曰：「自高祖之興，至於孝宣，君明臣忠，謀謨深博，猶因循舊章，不輕改革，海内稱理，斷獄益少。至初元、建平，所減刑罰百有餘條，而盗賊浸多，歲以萬數。間者三輔從横，群輩並起，至燔燒茂陵，火見未央。其後隴西、北地、西河之賊，越州度郡，萬里交結，攻取庫兵，劫略吏人，詔書討逋，連年不獲。是時，以天下無難，百姓安平，而狂狡之勢，猶至於此，皆刑罰不衷，愚人易犯之所致也。由此觀之，則刑輕之作，反生大患；惠加奸軌，而害及善良也。故臣願陛下採擇賢臣孔光、師丹等議。」議上，遂寢不報。

曹褒傳：遷圉令。時他郡盗徒五人來入圉界，吏捕得之。陳留太守馬嚴風縣殺之，褒勑吏曰：「夫絶人命者，天亦絶之。皋陶不爲盗制死刑，管仲遇盗而升諸公。今承旨而殺之，是逆天心，順府意也，其罰重矣。」遂不爲殺。

張敏傳：有人侮辱人父者，而其子殺之，肅宗貰其死刑而降宥之，自後因以爲比。是時遂定其議，以爲輕侮法。敏駁議曰：「夫輕侮之法，先帝一切之恩，不有成科頒之律令也。夫死生之決，宜從上下，猶天之四時，有生有殺。若開相容恕，著爲定法者，則是故設奸萌，生長罪隙。孔子曰：『民可使由之，不可使知之。』春秋之義，子不報仇，非子也。而法令不爲之減者，以相殺之路不可開故也。今託義者得減，妄殺者有差，使執憲之吏得設巧詐，非所以導『在醜不爭』之義。又輕侮之比，寖以繁滋，至有四五百科，轉相顧望，彌復增甚，難以垂之萬載。臣聞師言『救文莫如質』。故高帝去煩苛之法，爲三章之約。建初詔書，有改於古者，可下三公、廷尉蠲除其敝。」議寢不省。

公羊傳曰：「父不受誅，子復讎可也。」［注云：「不受誅，罪不當誅也。」］

敏復上疏曰：「臣伏見孔子垂經典，皋陶造法律，原其本意，皆欲禁民爲非也。未曉輕侮之法將以何禁？必不能使不相輕侮，而更開相殺之路，執憲之吏復容其奸枉。議者或曰『平法當先論生』。臣愚以爲天地之性，唯人爲貴。殺人者死，三代同制。今欲趣生，反開殺路，一人不死，天下受敝。記曰『利一害百，人去城郭』。夫春生秋殺，天道之常。春一物枯即爲災，秋一物華即爲異。王者承天地，順四時，法聖人，從經律。願陛下留意下民，考尋利害，廣令平議，天下幸甚。」和帝從之。

郭躬傳：奉車都尉竇固出擊匈奴，騎都尉秦彭爲副。彭在別屯而輒以法斬人，固奏彭專擅，請誅之。議者皆然固奏，躬獨曰：「於法，彭得斬之。」帝曰：「軍征，校尉一統於督。彭既無斧鉞，得專殺人乎？」躬對曰：「一統於督者，謂在部曲也。今彭專軍別將，有異於此。兵事呼吸，不容先關督帥。且漢制棨戟即爲斧鉞，於法不合罪。」帝從躬議。又有兄弟共殺人者，而罪未有所歸。帝以兄不訓弟，故報兄重而減弟死。中常侍孫章宣詔，誤言兩報重，尚書奏章矯制罪，當腰斬。躬對：「章應罰金。」帝曰：「章矯詔殺人，何謂罰金？」躬曰：「法令有故、誤，章傳命之謬，於事爲誤。誤者其文則輕。」帝曰：「章與囚同縣，疑其故也。」躬曰：「『周道如砥，其直如矢。』『君子不逆詐。』君王法天，刑不可以委曲生意。」帝曰：「善。」

章和元年，赦天下繫囚在四月丙子以前減死罪一等，勿笞，詣金城，而文不及亡命未發覺者。躬上封事曰：「聖恩所以減死罪使戍邊者，重人命也。今死罪亡命無慮萬人，又自赦以來，捕得甚衆，而詔令不及，皆當重論。伏惟天恩莫不蕩宥，死罪以下並蒙更生，而亡命捕得獨不沾澤。臣以爲赦前犯死罪而繫在赦後者，可皆勿笞，詣金城，以全人命，有益於邊。」肅宗善之，即下詔赦焉。

陳寵傳：漢舊事斷獄報重，常盡三冬之月，肅宗始改用冬初十月。秦爲虐政，四時行刑，聖漢初興，改從簡易。蕭何草律，季秋論囚，但避立春之月，而不計天地之正、二王之春殷、周，實頗有違。

言蕭何不論天地之正及殷、周之春，實乖正道。

子忠拜尚書。上除蠶室刑，解臧吏三世禁錮；狂易殺人，得減重論；母子兄弟相代死，聽，赦所代者。事皆施行。

穿窬不禁，則致强盜；强盜不斷，則爲攻盜；攻盜成群，必生大奸。故亡逃之科，憲令所急，至於通行飲食，罪致大辟。

注：「通行飲食，猶今律云過致資給，與同罪也。」

元初三年，詔大臣得行三年喪。建光中，尚書令祝諷等以爲「孝文定約禮之制，光武絶告寧之典，貽則萬世，不可改」。忠言：「高祖受命，蕭何創制，大臣有寧告之科，合於致憂之義。」

告寧，休謁之名。吉曰告，凶曰寧。

應奉傳：奉子劭。初，安帝時河間人尹次、潁川人史玉皆坐殺人當死，次兄初及玉母軍並詣官曹，求代其命，因縊而物故。尚書陳忠以罪疑從輕，議活次、玉。劭後追駁之，據正典刑，有可存者。其議曰：「殺人者死，傷人者刑，此百王之定制，有法之成科。高祖入關，雖尚約法，然殺人者死，亦無寬降。夫時化則刑重，時亂則刑輕。書曰『刑罰時輕時重』，此之謂也。今次、玉公以清時釋其私憾，阻兵安忍，僵屍道路。朝恩在寬，幸至冬獄，而初、軍愚狷，妄自投斃。傳曰『僕妾感慨而致死者，非能義勇，顧無慮耳』。是故春一草枯則爲災，秋一木華則爲異。今殺無罪之初、軍，而活當死之次、玉，其爲枯華，不亦然乎？陳忠不詳制刑之本，而信一時之仁，遂廣引八議求生之端。夫親故賢能功貴勤賓，豈有次、玉當罪之科哉？若乃小大以情，原心定罪，此爲求生，非謂代死以生也。敗法亂政，悔其可追。」

橋玄傳：玄少子十歲，獨遊門次，卒有三人持杖劫執之，入舍登樓，就玄求貨，玄不與。有頃，司隸校尉率河南尹、洛陽令圍守玄家，恐並殺其子，未欲迫之。玄瞋目呼曰：「奸人無狀，玄豈以一子之命而縱國賊乎？」促令兵進。於是攻之，玄子亦死。玄乃詣闕謝罪，乞下天下：「凡有劫質，皆並殺之，不得贖以財寶，開張奸路。」詔書下其章。初，自安帝以後，法禁稍弛，京師劫質，不避豪貴，自是遂絶。

劉祐傳：轉大司農。時中常侍蘇康、管霸用事，遂固天下良田美業，山林湖澤，民庶窮困，州郡累氣。祐移書所在，依科品没入之。

申屠蟠傳：緱氏女玉爲父報仇，殺夫氏之黨，吏執玉以告外黄令梁配，配欲論殺玉。蟠時年十五，爲諸生，進諫曰：「玉之節義，足以感無恥之孫，激忍辱之子。不遭明時，尚當表旌廬墓，況在清聽，而不加哀矜！」配善其言，乃爲讞，得減死罪。

續漢書曰：「緱玉爲父復仇，殺夫之從母兄李士，姑執玉以告吏。」

孔融傳：張儉爲侯覽所怨，覽下州郡，以名捕儉。儉與融兄褒有舊，亡抵於褒，不遇。融留舍之。後事泄，國相以下，密就掩捕，儉脱走，遂並收褒、融送獄。二人未知所坐。融曰：「保納舍藏者，融也，當坐之。」褒曰：「彼來求我，非弟之過，請甘其罪。」吏問其母，母曰：「家事任長，妾當其辜。」一門争死，郡縣疑不能決，乃上讞之。詔書竟坐褒焉。

漢律與罪人交關三日已上，皆應知情。

知情者應坐罪，不知情者不坐。故揚雄傳云雄不知情，有詔勿問。

文苑黄香傳：遷魏郡太守。郡舊有内外園田，常與人分種，收穀。香曰：「田令『商者不農』，王制『仕者不耕』。」乃悉以賦人，課令耕種。

百官志：廷尉，卿一人。本注曰：掌平獄，奏當所應。凡郡國讞疑罪，皆處當以報。正、左監各一人。左平一人，掌平決詔獄。

治書侍御史二人。本注曰：掌選明法律者爲之。凡天下諸讞疑事，掌以法律當其是非。

卷二　漢律輯存合校（下）

説文解字：蠱，腹中蟲也。

段玉裁曰：「中、蟲皆讀去聲。腹中蟲者，謂腹内中蟲食之毒也。周禮『庶氏掌除毒蠱』，注：『毒蠱，蟲物而病害人者。賊律曰：敢蠱人及教令者棄市。』左氏正義曰：『以毒藥藥人，令人不自知，今律謂之蠱。』」

瘳，燒穜也。漢律曰：瘳田，茠艸。

段曰：「二者皆農事，茠或薅字。」詩曰：『既茠荼蓼。』周頌文，今詩作以「薅」。〔一〕

威，姑也。〔一〕漢律曰：婦告威姑。〔二〕徐鍇曰：「土盛於戌。土，陰之主也，故從戌。」〔二〕

〔一〕段曰：「引伸爲有威可畏。」

〔二〕段曰：「惠定宇曰：爾雅『君姑，即威姑也』。古君、威合音差近。」

姘，除也。漢律：齊民與妻婢奸曰姘。

段曰：「此別一義也。高注淮南曰：『齊民，凡人齊於民也。』禮，士有妾，庶人不得有妾，故平等之民與妻婢私合名之姘，有罰。此姘取合并之義。」〔三〕

姅，婦人污也。〔一〕漢律曰：見姅變，不得侍祠。〔二〕

〔一〕按，「詩曰」一句非「瘳」字注，輯者將「薅」字段注合鈔於此。

〔二〕按，「徐鍇」一句，見小徐本説文，就「從女，戌聲」而言。原在段注後，權移至此處。

〔三〕按，據胡家草場漢簡可知，「齊」實爲「齌」之誤，此處不改動説文本身。下同。

〔一〕段曰：「謂月事及免身及傷孕皆是也。」

〔二〕段曰：「『見姅變』，如今俗忌入産婦房也，不可以侍、祭祀。『夫齋，則不入側室之門』，正此義。漢律與周禮相爲表裏。」

湝，所以攤水也。漢律曰：及其門首洒湝。

段曰：「蓋謂壅水於人家門前，有妨害也。」

鮚，蚌也。漢律：會稽郡獻鮚醬二斗。

段曰：「『二斗』二字，依廣韻補。廣韻『斗』誤『升』。小徐本作『三斗』。」

綷，從辛省。楊雄以爲：漢律，祠宗廟丹書告也。

段曰：「雄甘泉賦曰『上天之綷』，蓋即謂郊祀丹書告神者，此則從辛不省者也。」

縵，繒無文也。漢律曰：賜衣者，縵表白裏。

段曰：「春秋繁露『庶人衣縵』。引申之，凡無文皆曰縵。」

絩，綺絲之數也。〔一〕漢律曰：綺絲數謂之絩，布謂之緫，〔二〕綬組謂之首。〔三〕

〔一〕段曰：「言綺以見凡繒也。綺者，文繒也。文繒絲尚有數，則餘繒可知。」

〔二〕段曰：「禮經『布八十縷爲升』。禾部曰『布八十縷爲稯』。漢王莽傳『一月之禄，十緵布二匹』。孟康曰：『緵，八十縷也。』按，緫即稯也，稯即緵也，緵即升也，皆謂八十縷。召南羔羊『五緫』。傳曰：『緫，數也。』」

〔三〕段曰：「司馬紹統輿服志：『乘輿黄赤綬五百首，諸侯王赤綬三百首，相國緑綬二百四十首，公侯、將軍紫綬百八十首，九卿、中二千石、二千石青綬百二十首，〔千石、六百石〕黑綬八十首，〔四百石、三百石、二百石〕黄綬六十首。凡先合單紡爲一系，四系爲一扶，五扶爲一首，五首爲一文，文采淳爲一圭。首多者系細，首少者系麤。』」

貲，小罰以財自贖也。漢律：民不繇，貲錢二十三。

段曰：「漢儀注曰：『人年十五至五十六出賦錢，人百二十爲一算；又七歲至十四出口錢，人二十，以供天子。至武帝時，又口加三錢，以補車騎馬。』見昭帝紀、光武紀二注及漢舊儀。按，論衡謝短篇曰『七歲頭錢二十三』，亦謂此也。然則民不傜者，謂七歲至十四歲。貲錢二十三者，口錢二十，并武帝所加三錢也。」

孔檢討禮學卮言：「漢律『民不繇，貲錢二十三』，近古夫家之徵也。謂之夫家者，有所徵發，當計三家而出一夫，故以名之。」

祉，以豚祠司命也。漢律：祠祉司命。

舳，舳艫也。漢律：名船方長爲舳艫。舳一曰船尾，艫一曰船頭。

段曰：「『長』當作『丈』。史、漢貨殖傳皆曰『船長千丈』，注者謂『總積其丈數』。蓋漢時計船以丈，每方丈爲一舳艫也。」

篳，笥也。漢律令：篳，小匡也。

段曰：「『匡』俗作『筐』。漢律令之篳，謂匡之小者。匡、篳皆可盛飯，而匡、筥無蓋，篳笥有蓋，如今之箱盒，其制不同。」

蘱，煎茱萸。漢律：會稽獻蘱一斗。

段曰：「又，禮記内則『三牲用藙』，鄭謂：『煎茱萸也，漢律會稽獻焉。爾雅謂之椒。』皇侃義疏曰：『煎茱萸，今蜀郡作之。』」

趆，距也。漢令曰：趆張百人。

段曰：「史、漢申屠嘉傳『材官蹶張』，如淳曰：『材官之多力，能腳踏强弩張之，故曰蹶張。律有蹶張士。』「孟康曰：『主張强弩。』蹶音其月反。漢令：蹶張士百人。」考許書⿺走厥、趆二字並出，⿺走厥云『蹠也』，趆云『距也』，引漢令『趆張百人』，與如、孟引作『蹶張』不合。今尋繹字義，⿺走厥者『跳起也』，趆者『拓也』。如、孟『蹶張』，皆由認蹶、⿺走厥、趆爲一字耳。」

貀，貀獸，無前足。漢律：能捕豺貀購錢百。

段曰：「『錢百』各本作『百錢』。爾雅郭注『律，捕虎一，購錢三千；其豹，半之』，蓋亦沿漢律也。購者，以財有所求也。」

殊，死也，一曰斷也。漢令：蠻夷長有罪當殊之。又，漢律殊死謂斬刑。

段曰：「殊之者，絶之也，所謂別異蠻夷。此舉漢令證斷義，而裴駰以來皆謂殊之爲誅死。夫蠻夷有罪，非能必執而殺之也，而顧著爲令哉？今鍇本作『當殊之市』，多『市』字。此由張次立以鉉本改鍇本，誤以鉉本『市朱切』市字系『殊』之下，其可笑有如此者。」

⿸厤瓦，漢令鬲。徐鍇曰：「漢中蜀地，以瓦爲之也。」

段曰：「謂載之於令甲、令乙之鬲字也。」

襄，漢令：解衣而耕謂之襄。

頞，絆前兩足也。漢令：蠻夷卒有頞。

段曰：「疑有奪字。『殊』下云『蠻夷長有罪當殊之』，此應云『蠻夷卒有罪，當頞之』。」

絬，樂浪挈令織，從糸從式。徐鉉曰：「挈令，蓋律令之書也。」

段曰：「樂浪，漢幽州郡名也。挈令者，漢張湯傳有『廷尉挈令』，韋昭曰『在版挈也』。後書應劭傳作『廷尉版令』。史記又作『挈令』。漢燕王旦傳又有『光禄挈令』。挈當作栔。栔，刻也。樂浪郡栔於板之令也，其織字如此。録之者，明字合於六書之法，則無不可用也，如録漢令之『鬲』作『歷』。」

髳，鬏或省。詩曰：「紞彼兩鬏」。漢令有髳長。徐鍇曰：「髳，羌地名，髳地之長也。」

段曰：「牧誓『庸、蜀、羌、髳』。小雅『如蠻如髦』，傳曰『蠻，南蠻也；髦，夷髦也』，箋曰『髦，西夷别名』。按，詩『髦』即書『髳』。髳長見漢令，蓋如趙佗自稱蠻夷大長，亦謂其酋豪也。」

迟，曲行也。

段曰：「軍法有逗留，有迟橈。光武紀：『不拘以逗留法。』如淳曰：『軍法，行而逗留、畏愞者要斬。』此謂止而不進者。史、漢韓安國傳『廷尉當恢迟橈，當斬』。服虔曰：『迟音企。』應劭曰：『迟，曲行避敵也；橈，顧望也，軍法語也。』此謂有意回遠遲誤者。淮南書曰『兩軍相當，屈橈者要斬』，是也。」

跀，斷足也。

段曰：「此與刀部『刖』異義。刖，絶也，經、傳多以刖爲跀。周禮司刑注云：『周改臏作刖。』按，唐、虞、夏刑用髕，去其膝頭骨也；周用跀，斷足也。凡於周言臏者，舉本名也。莊子：『魯有兀者叔山無趾，踵見仲尼。』崔譔云：『無趾，故踵行。』然則跀刑即漢之斬趾，無足趾，故以足跟行也。無足趾不能行，故別爲刖足者之屨以助其行。左氏曰『踊貴屨賤』是也。髕則足廢不能行，跀則用踊尚可行，故跀輕於髕也。」

疻，疻痏，毆傷也。

段曰：「漢書薛宣傳廷尉引傳曰『遇人不以義而見疻者，與痏人之罪鈞，惡不直也』，應劭曰：『以杖手毆擊人，剝其皮膚，腫起青黑而無創瘢者，律謂疻痏。』按，此應注訛脱。急就篇顔注云：『毆人皮膚腫起曰疻，毆傷曰痏。』蓋應注『律謂疻』下奪去六字，當作『其有創瘢者謂痏』。文選嵇康詩『怛若創痏』，李善引説文『痏，瘢也』，正與應語合，皆本漢律也。疻輕痏重，遇人不以義而見疻，罪與痏人等。是疻人者輕論，見疻者重論，故曰『惡不直也』。創瘢謂皮破血流。」

耏，罪不至髡也。

段曰：「高帝紀七年春，『令郎中有罪耏以上，請之』。應劭曰：『輕罪不至於髡，完其耏鬢，故曰耏。古耏字從彡，髮膚之義也。杜林以爲法度之字皆從寸，後改如是。言耐罪以上，皆當先請。』」

廷尉説律，至以字斷法。苛人受錢，苛之字止句也。

段曰：「通典陳群、劉邵等魏律令序曰：『盜律有受所監臨，受財枉法，雜律有假借不廉，令乙有所呵人受錢，科有使者驗賂，其事相類，故分爲請賕律。』按，訶責字見三篇言部，俗作呵，古多以苛字、荷字代之。漢令乙有『所苛人受錢』，謂有治人之責者而受人錢，故與監臨受財、假借不廉、使者得賂爲一類。苛從艸，可聲，假爲訶字，並非從「止句」也；而隸書之尤俗者，乃訛爲「岢」。説律者曰：『此字從止句，句讀同鉤，謂止之而鉤取其錢。』其説無稽，於字意、律意皆大失。」

惠氏九經古義：宫正「幾其出入」。注謂：「幾呵其衣服、操持及疏數者。」釋文：「呵作荷，音呼何反，又音何。」毛居正六經正誤云：「案，閽人注『苛其出入』，比長注『呵問』，秋官萍氏『苛察』，環人『苛留』，凡五處音義皆同。而字或作『荷』，或作『苛』，或作『呵』，其實一也。古字通用、借用，大氐如此。漢書『誰問』作『何』，『責問』作『呵』，亦作『訶』，『刻虐』作『苛』，『芙渠』作『荷』。」」棟按，「刻虐」之「苛」，字本「荷」。毛氏序云「哀刑政之荷」，春秋傳云「荷慝不作」，漢書「好持荷禮」，是也。今本皆作苛。「荷擔」之「荷」，本作「何」。易「何天之衢」，論語「何蕢」，是也。「責問」之「呵」本作「苛」，漢令乙「有呵人受錢」，説文云「廷尉説律，至以字斷法。苛人受錢，苛之字止句也」。苛從止從句，則爲⿱止句字，經典所無，然古文可與句通。康誥云「盡執拘以歸於周」，説文引書云「盡執抲」。但苛以艸從可，不從止。以苛爲止句，故説文以爲不合孔氏古文。

公羊傳：桓公二年秋七月，蔡侯、鄭伯會于鄧。傳：離不言會，此其言會何？解詁曰：二國會曰「離」。[二]

孔廣森公羊通義：「謹案，離，儷也。儷，兩也。記曰『離坐離立，毋往參焉』。二謂之離，三謂之參。

[二] 按，此條前傳圖本有「經義」之目，似即目録所見「經義第三」。因律目、律文之題均不見，此處暫删。

漢律有『離載下帷』，言二人共載也。禮用兩鹿皮。」

桓公六年秋，蔡人殺陳佗。傳：陳佗者何？陳君也。陳君則曷爲謂之陳佗？絶也。曷爲絶之？賤也。其賤奈何？外淫也。惡乎淫？淫於蔡，蔡人殺之。

惠棟九經古義：「注：『蔡稱人者，與使得討之，故從討賊辭也。賤而去其爵者，起其見卑賤，猶律文立子奸母，見乃得殺之也。』疏曰：『解云，猶言對子奸母也。』」[一]

莊公十年二月，公侵宋。傳：曷爲或言侵，或言伐？觕者曰侵，精者曰伐。戰不言伐，圍不言戰，入不言圍，滅不言入，書其重者也。

解詁：「明當以重者罪之，猶律一人有數罪，以重者論之。」

惠棟九經古義：「注云：『律一人有數罪，以重者論之。』案，昭三十一年傳與此同，蓋漢律也。」

孫星衍尚書今古文注疏：「呂刑『有並兩刑』者，鄭注大傳云：『二人俱罪，呂侯之説刑也。犯數罪，猶以上一罪刑之。』言犯二罪以上，止科一罪也。鄭注此條雖佚，亦必云然。大傳注見御覽刑法部。」

閔公元年，春，王正月。傳：公何以不言即位？繼弑君不言即位。孰繼？繼子般也。孰弑子般？慶父也。殺公子牙，今將爾，季子不免。慶父弑君，何以不誅？將而不免，遏惡也。

[一] 按，九經古義所引何休解詁有節略，略去「故從討賊」至「見其卑賤」幾句，輯録者補全。惠氏此書，多先援引注疏，後舉例闡發之。所引或全，或有節略，故輯録者或單録注疏，繼而又稱引九經古義。文字或有些許差異，視爲九經古義之援引，當無大誤。又，類似情況較多，且不限於此書，均酌情處理，不再一一注明。

既而不可及，因獄有所歸，不探其情而誅焉，親親之道也。

解詁：「論季子當從議親之辟，猶律親親得相首匿，當與叔孫得臣有差。」

惠棟九經古義：「注云『律，親親得相首匿』。漢書地節四年，詔曰：『父子之親，夫婦之道，天性也。雖有患禍，猶蒙死而存之。誠愛結於心，仁厚之至也。豈能違之哉？自今子首匿父母，妻匿夫，孫匿大父母，皆勿坐；其父母匿子，夫匿妻，大父母匿孫，罪殊死，皆上請廷尉以聞。』」

按，此注云「律，親親得相首匿」，地節四年之詔也。

僖十有四年，傳：曷爲城杞？滅也。孰滅之？蓋徐、莒脅之。

解詁：「言脅者，杞，王者之後，尤微，是見恐曷而亡。」

惠棟九經古義：「案，恐曷即漢律恐猲也，陳群新律序曰『盜律有恐猲』。漢書王子侯表曰『葛魁侯戚坐縛家吏，恐猲受賕，棄市』，『平城侯禮，坐恐猲取雞，免』，『承鄉侯德天，坐恐猲國人，受財臧五百以上，免』，『籍陽侯顯，坐恐猲國民取財物，免』，師古曰：『猲者，謂以威力脅人也。』」

僖公二十有三年，春，齊侯伐宋，圍緡。傳：邑不言圍，此其言圍何？疾重故也。

解詁：「疾，痛也。重故，喻若重故創矣。襄公欲行霸，守正履信，屬爲楚所敗。諸夏之君宜雜然助之，反因其困而伐之，痛與重故創無異，故言圍，以惡其不仁也。」

按，即唐律「因舊患，令至篤疾」意。又，此「重」字即左氏傳「不重傷」之義。

文十有六年，傳：大夫弒君稱名氏，賤者窮諸人。大夫相殺稱人，賤者窮諸盜。

解詁：「降大夫使稱人，降士使稱盜者，所以別死刑有輕重也。無尊上，非聖人，不孝者，斬首，梟之；無營上，犯軍法者，斬要；殺人者，刎頭。」

惠棟九經古義：「案，『無尊上』，漢律所云『罔上不道』也。『非聖人』，漢律所云『非聖無法』也。『不孝』者，商書曰『刑三百，罪莫大於不孝』見呂覽，孝經曰『五刑之屬三千，罪莫大於不孝』，風俗通曰『賊之大者，有惡逆焉。決斷不違時，凡赦不免。又有不孝之罪，並編十惡之條』。斬首梟之者，梟當作県，謂斷首倒懸也。野王謂：『懸首於木竿頭，以肆大罪，秦刑也。』云『無營上，犯軍法者』，陳群新律序曰：『廄律有乏軍之興，及舊典有奉詔不謹、不承用詔書，漢氏施行有小愆之反不如令，輒劾以不承用詔書乏軍要斬。』胡建案軍法曰：『正亡屬將軍，將軍有罪以聞，二千石以下行法焉。』『殺人者，刎頭』，高祖約法三章所云『殺人者，刑也』。何氏所據，皆本漢律，漢律已亡，舉其大略如此耳。」

宣元年，齊人取濟西田。傳：爲弒子赤之賂也。

解詁：「子赤，齊外孫。宣公篡，弒之。恐爲齊所誅，爲是賂之，故諱，使若齊自取之者；亦因惡齊取篡者賂，當坐取邑。未之齊，坐者，由律行言許受賂也。」

惠棟九經古義：「案，漢律有受賕之條，又有聽請之條。魯賂齊，不當坐取邑；且未之齊而坐者，由齊聽請故也。漢律，行言許受賂，亦得坐受賕之條，故舉以況之。」

襄公七年，十有二月，公會晉侯、宋公、陳侯、衛侯、曹伯、莒子、邾婁子于鄬。鄭伯髡原如會，未見諸侯。丙戌，卒于操。傳：傷而反，未至乎舍而卒也。

解詁：「古者保辜，諸侯卒名，故於如會名之，明如會時爲大夫所傷，以傷辜死也。君親無將，見辜者，辜內當以弒君論之，辜外當以傷君論之。」疏曰：「弒君論之者，其身梟首，其家執之；其傷君論之者，其身斬首而已，罪不累家。漢律有其事。然則，知古者保辜者，亦依漢律。律文多依古事，故知然也。」

惠棟九經古義：「史游急就章曰『疻痏保辜謕呼號』，師古曰：『保辜者，各隨其狀輕重，令毆者以日數保之，限内致死，則坐重辜也。』漢書功臣表云『昌武侯單德，元朔三年坐傷人，二旬内死，棄市』，然則保辜以二旬爲限歟？以平人言之，限内當以殺人論之。漢律所云『殺人者刑』，是也；限外當以傷人論之，漢律所云『傷人抵罪』，是也。服虔曰『抵罪者，隨輕重制法』，李奇曰『傷人有曲直，罪名不可豫定』，故漢律又云見薛宣傳『鬥以刃傷人，完爲城旦，其賊加罪一等，與謀者同罪』，是輕重制刑之義也。」

昭二十有三年，尹氏立王子朝。

解詁：「尹氏貶，王子朝不貶者，年未滿十歲，未知欲富貴，不當坐，明罪在尹氏。」

惠棟九經古義：「案，漢律，年未滿八歲，非手殺人，他皆不坐罪。尹氏者，漢律所謂率也。張裴律表曰『制衆建計謂之率』，漢書萬石君傳『上報石慶曰，孤兒幼年未滿十歲，無罪而坐率』，服虔曰『率，坐刑法也』，如淳曰『率，家長也』。鹽鐵論云：『春秋刺譏，不及庶人，責其率也。』」

禮記文王世子：告於甸人。

惠棟九經古義：「注云：『告，讀爲鞫，讀書用法曰鞫。』依字當作「鞫」。正義：『讀書，讀囚人之所犯罪狀之書；用法，謂以法律平斷其罪。』周禮秋官小司寇「讀書用法」，先鄭云：『如今讀鞠已，乃論之。』賈公彦曰：『鞠，謂劾囚之要辭讀已，乃行刑。』」說文作「𥷚，窮治辠人也」。段曰：「文王世子云云。又，漢書功臣侯表『坐鞠獄不實』，如淳曰『鞠者，以其辭決罪也』。張湯傳『訊鞫論報』，張晏云『鞫，一吏爲讀狀，論其報行也』。刑法志『遣廷吏與郡鞫獄』，如淳曰『以囚辭決獄爲鞫，謂疑獄也』。按，『鞫』者，俗『𥷚』字，譌作『鞫』。古言鞫，今言供，語之轉也。今法具犯人口供於前，具勘語擬罪於後，即周之『讀書用法』，漢之『以辭決罪』也。鞫與窮一語之轉，故以窮治罪人釋鞫，引申爲凡窮之稱。谷風、南山、小弁傳曰『窮也』，公劉傳曰『究也』，節南山傳曰『盈也』。究、盈亦窮之意。采芑傳曰『鞫，告也』，此則謂鞫即告之叚借字。文王世子『告於甸人』，亦是叚告爲鞫也。此字隸作『鞫』，俗多改爲『鞠』，大誤。」

雜記：有司官陳器皿。

注：「器皿，其本所齎物也。律，棄妻畀所齎。」

尚書舜典：怙終賊刑。

俞正燮癸巳類稿：「枚采馬、王，則云：『賊，殺也。怙奸自終，當刑殺之。』其言甚陋，殺『怙終』之人，豈當自名爲賊？宋范鎮云，『舜五刑：流也，官也，教也，贖也，賊也。』贖豈得謂之刑？刑豈可謂之賊？又云：『流宥五刑者，舜制五流，以宥三苗之劓、刵、腓、宮、大辟也。』按，苗民『淫爲劓、刵、椓、黥』，見於呂刑；其作『五虐之刑』，乃依古作法，虐用以制民。不得謂刖、腓、宫、大辟，苗制而舜宥之。蓋『怙終賊刑』者，怙恃奸詐之人，終行不改之人，殺人不忌之人，不在宥贖之列，當刑之。左傳昭公十四年，叔向云：『已惡而掠美爲昏，貪以敗官爲墨，殺人不忌爲賊。』夏書曰：『昏、墨、賊、殺，皋陶之刑也。』賊即叔向所引之賊，刑即叔向所引之殺，不當以賊殺連文生義也。」[一]

呂刑：惟貨，惟來。

惠棟九經古義：「釋文云：『來』，馬本作『求』，云有求請賕也。漢律云：『諸爲人請求於吏以枉法，而事已行者，皆屬司寇。』説文曰：『賕，以財物枉法相謝也，从貝求聲。』棟案，漢盜律有受賕之條，即經所云『惟貨』也；又有聽請之條，即經所云『惟求』也。孔氏本作『來』，以爲舊相往來，義反紆回矣。」

陳喬樅今文尚書經説考：「尚書釋文云，『惟來，馬本作求，云有求請賕也』。王鳴盛曰：『漢律，諸爲人請求於吏以枉法，而事已行者，皆屬司寇。』説文貝部云『賕，以財帛枉法相謝也』。蓋漢盜律有受賕之條，即經所云『惟貨』也；又有聽請之條，即經所云『惟求』也。二者相同，故馬注云云，是兼説『惟貨，惟求』之義也。」

説文：「賕，以財物枉法相謝也。」段玉裁曰：「枉法者，違法也。法當有罪，而以財求免，是曰賕，受之者亦曰賕。呂刑『五過之疵，惟來』，馬本作『惟求』，云『有請賕也』。按，上文『惟貨』者，今之

[一] 按，此條原作「怙賊終刑解」，全取自俞正燮癸巳類稿。權改作今題，且移至此處。

不枉法贓也；『惟求』者，今之枉法贓也。」

其罰百鍰。

惠棟九經古義：「鍰，史記作率。徐廣曰：『率，即鍰也，音刷。』說文作鍰，云鋝也。』索隱曰：『舊本率亦作選。』漢蕭望之傳：張敞曰『甫刑之罰，小過赦，薄罪贖，有金選之品』，應劭曰『選，音刷，金銖兩名』，師古曰『字本作鋝，鋝即鍰也』。蓋古文作鍰，今文作選。五經異義云：『夏侯、歐陽說云：墨辟疑赦，其罰百率。古以六兩爲率。』古尚書說：『百鍰，鍰者，率也。一率，十一銖二十五分銖之十三也，百鍰爲三斤。』鄭氏以爲古之率多作鍰。周禮職金疏。考工記冶氏云『重三鋝』，注：『鄭司農云：鋝，量名也，讀爲刷。玄謂許叔重說文解字云：鋝，鍰也。』今東萊稱『或以大半兩爲鈞，十鈞爲鍰，鍰重六兩大半兩。鍰、鋝似同矣，則三鋝爲一斤四兩』。說文『鋝十一銖二十五分之十三也』，周禮『重三鋝。北方以二十兩爲鋝』。」

孔廣森經學卮言：「『其罰百鍰』，鍰，史記從今文作率。五經異義曰：『今夏侯、歐陽說：墨辟疑赦，其罰百率。古以六兩爲率。古尚書說，百鍰爲三斤』。廣森按，率即考工記之鋝，實六兩大半兩也。言六兩者，舉成數。冶氏『重三埒』，注云『三埒爲一斤四兩』。其字或爲鐉伏生大傳如此，或爲選蕭望之傳『甫刑之罰，小過赦，薄罪贖，有金選之品』，應劭曰『選，音刷』。按，鄭司農讀刷亦爲率。鍰者，十一銖二十五分之十三，與率字不同，輕重亦異。鄭君以鍰亦爲『六兩大半兩』，偏信今文也；許叔重以『鋝亦爲十一銖二十五分之十三』，偏信古文也說文序曰『書稱孔子』。今孔傳曰『六兩曰鍰』，則傳古文之書而用今文之訓，其僞明矣。如真古文說，大辟『罰千鍰』，才三十斤銅耳。漢時惟今文立於學官，故漢律以金代銅。西漢二斤八兩見淮南王傳，東漢三斤，皆准千率之數。鄭駁異義云『贖死罪千鍰。鍰六兩大半兩，爲四百一十六斤十兩大半兩銅，與今贖死罪金三斤爲價相依附』。公羊傳解詁曰『黄金一斤，若今萬錢』。漢錢重五銖，萬錢共重百三十斤，是金三斤直銅三百九十斤，故言相依附。唐律復贖銅死罪百二十斤，於古稱爲三百六十斤據舜典疏『周、隋斗秤於古三而爲一』，輕於今文之千率，而重於古文之千鍰多矣。然銅賤則罰宜多，銅貴則罰宜少，固不得百王一致也。」[二]

上下比罪。

孫淵如尚書今古文注疏：「疏：『上下者，即下文之適輕適重也』。比者，王制云『凡聽五刑，必察小大之比以成之』，注云『小大，猶輕重。已行故事曰比』。周禮大司寇『凡庶民之獄訟，以邦成比之』，注云『邦成，謂若今時決事比也』；疏云『邦成是舊法成事品式，若今律，其斷事皆依舊事斷之，其無條取比類以決之』。」

周禮天官冢宰：大宰。以九賦斂財賄。九曰幣餘之賦。

注：「鄭司農云，『幣餘，百工之餘。』玄謂，『賦，口率出泉也，今之算泉，民或謂之賦。幣餘，謂占

[二] 按，稿本在援引經學卮言後，另外鈔録「漢書淮南王安傳：『其非吏，它贖死金二斤八兩。』」句，似意在與孔廣森所言「西漢二斤八兩」相參，今權且刪除。

賣國中之斥幣。皆末作，當增賦者，若今賈人倍算矣。』」惠棟九經古義：「賈人倍算，此漢律也。應劭漢書注云：『漢律，人出一算，算百二十錢，惟賈人與奴婢倍算。』」

小宰。以官府之八成經邦治。聽賣買以質劑。

注：「鄭司農云：『質劑，謂市中平價，今時月平是也。』」玄謂：『質劑，謂兩書一札，同而別之，長曰質，短曰劑。傅別、質劑，皆今券書也。』」

孔廣森禮學卮言：「按，『漢律，平價一月，得錢二千』見溝洫志注，所謂月平也。揚子法言曰，『一閧之市，必立之平』。蓋市價以時貴賤，故每月更平之。景武功臣表：梁期侯任當千『坐賣馬一匹，價錢十五萬，過平，臧五百以上，免』。」

宰夫。書其能者與其良者，而以告於上。

注：「鄭司農云：『若今時舉孝廉、賢良方正、茂才異等。』」

宮正。幾其出入。

注：「鄭司農云：『若今時宮中有罪，禁止不能出，亦不得入，及無引籍不得入宮司馬殿門也。』」玄謂：『幾荷其衣服、持操及疏數者。』」

孔廣森禮學卮言：「按，漢嚴延年傳注，張晏曰：『故事，有所劾奏，並移宮門，禁止不得入。』然則在內者，見被劾奏，即不許出矣。」

職內。凡受財者，受其貳令而書之。

注：「貳令者，謂若今御史所寫下本奏王所可者。書之，若言某月某日某甲詔書，出某物若干，給某官某事。」

內宰。禁其奇衺。

注：「奇衺，若今媚道。」疏：「漢法又有宮禁，云敢行媚道者若然。媚道謂道妖邪巫術以自炫媚。」

地官：大司徒。五曰寬疾。

注：「若今癃，不可事，不筭卒；可事者，半之。」

孔廣森禮學卮言：「漢律，『高不滿六尺二寸已下爲罷癃』，是但以人羸矮者通謂之癃。若有廢疾者，別謂之癃不可事；其可事者，雖不服戎，猶任城道之役。食貨志曰『常有更賦，罷癃咸出』，謂癃可事者也。」

小司徒。及三年，則大比。

惠棟九經古義：「注云：『大比，謂使天下更簡閱民數及其財物也。』鄭司農云：『五家爲比，故以比爲名，今時八月案比是也。』東觀漢記元初四年，詔曰『方今八月案比之時』，李賢後漢書注云『謂案驗户口，次比之也』。續漢書禮儀志曰：『仲秋之月，縣道皆按户比民。』管子度地篇『常以秋歲末之時，閱其民，案家人比地，定什伍口數，別男女大小。其不爲用者輒免之，有痼疾不可作者疾之，可省作者半事之』。」

鄉大夫。其舍者，國中貴者、服公事者、老者、疾者。

注：「鄭司農云：『舍者，謂有復除，舍不收役事也。』貴者，謂若今宗室及關內侯皆復也。服公事

者，謂若今吏有復除也。老者，謂若今八十九十復羡卒也。疾者，謂若今癃不可事者復之。」孔廣森禮學卮言：「按，漢書高帝詔曰『吏二千石，入蜀、漢，定三秦者，皆世世復』，惠帝詔曰『吏六百石以上父母、妻子與同居，及故吏嘗佩將軍、都尉印將兵及佩二千石官印者，家惟給軍賦，他無有所與』。所謂吏有復除也。武帝建元元年，令民年八十復二算，九十復甲卒。賈山至言曰『陛下即位，禮高年，九十者一子不事，八十者二算不事』。所謂復羡卒也。」

黨正。以歲時涖校比。

注：「鄭司農云：『校比，族師職所謂以時屬民，而校登其族之夫家衆寡云云，如今小案比。』」

調人。凡有鬥怒者成之。

惠士奇禮說：「大戴禮曰：『父母之讎，不與同生；兄弟之讎，不與聚國；朋友之讎，不與聚鄉；族人之讎，不與聚鄰。』曲禮亦云：『父之讎，弗與共戴天；兄弟之讎，不反兵；交遊之讎，不同國。』諸儒異說，莫能相一，學者惑焉。愚謂不與同生者，孝子之心；令勿相讎者，國家之法。如其法，則孝子之心傷；如其心，則國家之法壞，欲兩全則兩窮，於是使不共戴天之讎避諸海外，既不壞國家之法，亦不傷孝子之心，此『調人』之所以爲調也。千里之外，遠於同國；而鄉近於國，鄰近於鄉，族人則疏於從父昆弟矣，亦可補『調人』之闕焉。或曰：父之讎避諸海外，是共戴天也，可乎？曰：調人之和難，『潁封人之錫類』也。土中有水，弗掘無泉；四海之外，别有一天，其誰曰不然？若夫殺人者死，傷人者刑，乃秋官之所弊而誅，非調人之所和也。漢律『衷刺刃者必誅』，以其雖未殺傷人而有殺傷之心也。調人職所謂過而殺傷人者，吉人良士無殺傷之心，時有過誤，不幸陷離者耳。

漢律『過失殺人不坐死』，過失，若舉刃欲斫伐而軼中人者。調人乃教民之官，故以其民共聽而成之。東漢之季，洛陽有主諧合殺人者，謂之會任之家。遂假托調人之法，因而爲奸利。受人十萬，謝客數千，由是法禁益弛，京師劫質，白晝群行，而漢亡矣。」

惠棟九經古義：「鄭司農云：『成之，謂和之也。和之，猶今二千石以令解仇怨，後復相報，移徙之。此其類也。』何休公羊注云：『古者，諸侯有難，王者若方伯和平之，後相犯，復故罪。』此『調人』成之之法也。成之者何？和之也。王褒集僮約注云：『漢時，官不禁報怨，故二千石以令解之。』令者，漢令有和難之條。後漢書桓譚疏曰：『今人相殺傷，雖已伏法，而私結怨仇，子孫相報，後忿深前，至於滅户殄業，而俗稱豪健。故雖怯弱，猶勉而行之，此爲聽人自理而無復法禁者也。今宜申明舊令，若已伏官誅而私相殺傷者，雖一身逃亡，皆徙家屬於邊；其相傷者，加常二等，不得雇山贖罪。如此，則仇怨自解。』譚所謂舊令，即先鄭所云移徙之法也。」

司市。以次敘分地而經市。

注：「次，謂吏所治舍，思次、介次也，若今市亭然。敘，肆行列也。經，界也。」

以質劑結信而止訟。

注：「質劑，謂兩書一札而别之也。若今下手書，言保物要還矣。」

孔廣森禮學卮言：「要，讀如『原始要終』之『要』。言人相借貸物，爲之中者，保其必還；過時不還，必責保者也。」

掌節。門關用符節，貨賄用璽節，道路用旌節。

注：「符節，如今宫中諸官詔符也；璽節，今之印章也；旌節，今使者所擁節是也。將送者執此節以送行者，皆以道里日時課，如今郵行有程矣。」

旅師。　平頒其興積。

注：「興積，所興之積，謂三者之粟也。平頒之，不得偏頗有多少。縣官徵聚物曰興，今云『軍興』是也。」

孔廣森禮學卮言：「按，漢言軍興，猶今言軍需也。司馬相如傳曰『發軍興制』，趙廣漢傳曰『乏軍興』。」

春官冢人。　以爵等爲丘封之度，與其樹數。

注：「别尊卑也。王公曰邱，諸臣曰封。漢律曰，『列侯墳高四丈，關内侯以下至庶人各有差』。」

孔廣森禮學卮言：「按，漢書朱雲『爲丈五墳』，自以爲廢庶人，從庶人之制也。由此推之，蓋關内侯墳高三丈五尺。漢時，關内侯比古附庸，故韋玄成降爵關内侯，作詩自劾責曰『媠彼車服，黜此附庸』。中二千石以下至比二千石銀印青綬者，墳三丈比古卿，千石以下至比六百石銅印黑綬者，墳二丈五尺比古大夫，四百石以下至比二百石銅印黄綬者墳二丈比古士。下至庶人一丈五尺，似皆以五尺爲差。」

大胥。

惠棟九經古義：「注云，漢大樂律曰：『卑者之子，不得舞宗廟之酎。除吏二千石到六百石，及關内侯到五大夫子，先取適子，高七尺已上，年十二到年三十，顔色和順，身體脩治者，以爲舞人。』」疏曰：「『既云取七尺以上，而云十二到三十，則十二者誤，當云二十至三十』。又引卿大夫職以爲證。

楝按，劉昭續漢書補注引盧植周禮注所載大樂律「七尺」作「五尺」，鄭注論語云「六尺謂年十五以上」，則五尺爲十二審矣。賈疏失之。」

按，此周禮春官大胥注也，鄭司農説「與古用卿大夫子同義」。疏引漢紀注云：「漢承秦爵二十等，五大夫九等爵，關内侯十九爵，列侯二十爵。」王伯厚漢制考云：「十二當爲二十。卿大夫國中自七尺以上至六十。案，韓詩「二十從役」，與國中七尺同，是七尺爲二十矣，不得爲十二也。」與惠説不同。

典路。 大賓客，亦如之。

孔廣森禮學卮言：「注，『漢朝上計律，陳屬車於庭』。按，安帝永初四年，以年饑，元日會，徹樂，不陳充庭車。其常時大朝會，皆陳車於庭，東京賦所云『龍輅充庭』者也。」

衛宏漢舊儀曰：「朝會、上計，律常以正月旦受群臣朝賀。」秋官小行人「秋獻功」注「若今計文書斷於九月」，疑即上計律文。[一]

夏官大司馬。 遂以蒐田，有司表貉，誓民。

注：「誓民，誓以犯田法之罰也。誓曰：『無干車，無自後射』。」疏曰：「此據漢田律而言。『無干車』，謂無干犯他車；『無自後射』者，象戰陣不遂奔走。又一解云：『前人已射中禽，後人不得復射。』」又見後。

太僕。 建路鼓於大寢之門外，以待達窮者，與遽令。

[一] 按，衛宏一段文字，稿鈔本均見，在孔廣森引文後。非禮學卮言文，或是輯者補相關記載，權且視作按語。

惠棟九經古義：「注，鄭司農云：『窮，謂窮寃失職，則來擊此鼓，若今時上變事擊鼓矣。遽，傳也，若今時驛馬，軍書當急聞者，亦擊此鼓。』棟按，漢廄律有『上變事及警事告急』。漢廄律魏改爲郵驛令。」按，此即後世登聞鼓制。張斐表「科有登聞道辭」，急聞即登聞也。

隸僕。　掌蹕宮中之事。

注：「鄭司農云：『蹕，謂止行者，清道，若今時儆蹕。』」

秋官。大司寇。　凡庶民之獄訟，以邦成弊之。

惠棟九經古義：「注：『邦成，八成也。』鄭司農云：『邦成，謂若今時決事比也。』士師職云『掌士之八成』，先鄭云『行事有八篇，若今時之決事比』，則八成謂邦汋、邦賊以下八事。東觀漢記鮑昱傳云：『時司徒辭訟久者至十數年，比例輕重，非其事類，錯雜難知。昱奏定決事都目八卷，以齊同法令，息遏民訟。』則知漢時決事雖多至三百餘篇，其都目以八篇爲率，故先鄭引以爲證。」

小司寇。　凡命夫、命婦，不躬坐獄訟。

惠棟九經古義：「注云：『不身坐者，必使其屬若子弟也。』蓋今長吏有罪，先驗吏卒之義。」

議親之辟。

惠棟九經古義：「注，鄭司農曰：『若今時宗室有罪，先請是也。』漢書平帝紀元始元年，令『公列侯嗣子有罪耐以上，先請』。續漢書百官志云：『宗室若有犯法當髡以上，先詣宗正，宗正以聞，乃報決。』」

議賢之辟。

惠棟九經古義：「注，鄭司農曰：『若今時廉吏有罪，先請是也。』宣帝黄龍元年，詔曰：『舉廉吏，誠欲得其真也。吏六百石位大夫，有罪先請。』」

議能之辟。

注：「春秋傳曰：『夫謀而鮮過，惠訓不倦者，叔向有焉。社稷之固也，猶將十世宥之，以勸能者。今壹不免其身，以棄社稷，不亦惑乎？』」

惠棟九經古義：「説文云：『罷，遣有辠也。從网能，言有賢能而入网，而貰遣之。周禮曰：「議能之辟。」』」

議貴之辟。

惠棟九經古義：「鄭司農云：『若今時吏墨綬有罪，先請是也。』蔡邕橋公碑云：『臨淄令臧多罪正，受鞫就刑。竟以不先請免官。』」

孔廣森禮學卮言：「按，宣帝紀曰：『吏六百石位大夫，有罪先請。』此漢舊法也。世祖建武三年，詔令『吏不滿六百石，下至墨綬長、相，有罪皆得先請』。見後漢記。前漢劉屈氂傳云，『司直，吏二千石，當先請，奈何擅斬之？』」

士師。　宫禁。官禁。國禁。野禁。軍禁。

惠士奇禮説：「士師五禁：『一曰宫禁，二曰官禁，三曰國禁，四曰野禁，五曰軍禁。』康成謂：『古之禁書亡矣。今宫門有符籍，官府有無故擅入，城門有離載下帷，野有田律，軍有囂讙夜行之禁，其粗可言者。』今漢律亦亡，其粗莫能言矣！離載者，載其兵也。韓非子曰：『非傳非遽，載奇兵革，罪死不赦。』離之言奇，載而下帷，是爲奸非。若兩人同車，法所不禁也，賈疏失之。士師『野禁』，即大司寇之野刑。所謂『上功糾力』者，謂民農則重本，重本則少私義，少私義則公法立，力乃專一。是故丈夫不織而衣，婦人不耕而食，男女貿功以長生。敬時愛日，非老不休，非疾不息，非死不舍，故謂之糾力。呂覽上農篇：『野禁有五：地未辟易，不操麻，不出糞；齒年未長，不敢爲園囿；量力不足，不敢渠地而耕；農不敢行賈，不敢爲異事，爲害於時也。然後制四時之禁：山不敢伐材下木，澤人不敢灰僇，繯網、罝罦不敢出於門，罛罟不敢入於淵，［澤非舟虞不敢緣名］，爲害其時也。』灰僇者，月令仲夏『毋燒灰』，燒灰者僇。庸，謂傭賃者。而云不敢私籍，則古有在官之傭，故遂師得移用之，以救其時事歟？男女嫁娶不出鄉里，則民無百里之戚，不敢越鄉而交，大司徒所謂『聯兄弟』以安民蓋如此。孔子曰：『入其境，田疇易，草萊辟，溝洫治，此在上者恭敬以信，故其民盡力也。入其邑，牆屋完固，樹木甚茂，此在上者忠信以寬，故其民不偷也。』是爲野禁，亦曰野刑。不禁以法而禁以身，不刑其體而刑其心，故其時，野無曠土，國無罷民，康成以田律當之，誤矣。」[一]

掌士之八成。

注：「鄭司農云：『八成者，行事有八篇，若今時決事比。』」

一曰邦汋。

[一] 按，惠氏稱引呂氏春秋「野禁有五」句後，有「古之禁書猶存其略焉。庶人不冠弁，娶妻，嫁女，享祀，不酒醴聚衆，農不上聞，不敢私籍於庸」一句；在「爲害其時也」句後，尚有「苟非同姓，農不出御，女不外嫁，以安農也」一句。除「古之禁書猶存其略焉」句外，其餘均源自上農篇，惠氏似將之視作各自的注文，但與正文明顯訛混。今暫刪。

惠棟九經古義：「鄭司農云：『汋，讀如酌酒尊中之酌。國汋者，斟汋盜取國家密事，若今時刺探尚書事。』沈約曰：『寫書謂之刺。漢制，不得刺尚書事是也。』後漢書楊倫傳『尚書奏倫探知密事』，蓋漢律有此條，故鄭據以爲説。」

孔廣森禮學卮言：「按，丙吉傳曰『隨驛騎至公車刺取』，風俗通曰韓演『坐從兄季朝爲南陽太守刺探尚書，法車徵』，宋書百官志曰『刺之爲言猶參覘也，寫書亦謂之刺。漢制，不得刺尚書事是也』。然則刺探者，謂探知秘事而私寫之。」

凡以財獄訟者，正之以傅別、約劑。

注：「傅別，中別手書也；約劑，各所持券也。鄭司農云：『若今時市買，爲券書以別之，各得其一，訟則案券以正之。』」

鄉士。異其死刑之罪而要之。

注：「要之，爲其罪法之要辭，若今劾矣。」疏：「劾，實也。」左傳疏：「漢世，名斷獄爲劾。」

協日刑殺。

注：「協，合也，和也，和合支幹善日，若今時望後利日也。」

訝士。凡四方之有治於士者，造焉。

惠棟九經古義：「注：『如今郡國亦時遣主者吏，詣廷尉議者。』棟按，此請讞之法，當在漢興律篇中。胡廣漢官解詁云：『廷尉當疑獄。』北堂書鈔引」

朝士。凡得獲貨賄、人民、六畜者，委於朝，告於士，旬而舉之。大者公之，小者庶民私之。

注：「鄭司農云：『若今時得遺物及放失六畜，持詣鄉亭縣廷。大者公之，大物没入公家也；小者私之，小物自畀也。』」

凡士之治有期日。期内之治聽，期外不聽。

惠棟九經古義：「注，鄭司農云：『若今時徒論決，滿三月，不得乞鞫。』鄧展曰：『漢律有故乞鞫。』司馬貞案：晉令云：『獄結竟，呼囚鞫語罪狀，囚若稱枉欲乞鞫者，許之也。』新律序曰：『二歲刑以上，除以家人乞鞫之制，省所煩獄也。』二歲刑謂耐以上，此魏世所改。」

凡有責者，有判書以治，則聽。

注：「鄭司農云：『若今時辭訟，有券書者爲治之。』」

凡民同貨財者，令以國灋行之，犯令者刑罰之。

惠棟九經古義：「注，鄭司農云：『若今時加貴取息坐臧。』漢書王子侯表云，旁光侯殷坐取息過律免，陵鄉侯訢坐貸穀息過律免。息有程限，過律則坐臧也。」

凡盜賊軍鄉邑及家人，殺之無罪。

注：「鄭司農云：『謂盜賊群輩若軍共攻盜鄉邑及家人者，「殺之無罪」。若今時無故入人室宅廬舍，上人車船，牽引人欲犯法者，其時格殺之，無罪。』」疏：「先鄭舉漢賊律云。」

惠士奇禮説：「鄭司農謂『謂盜賊群輩若軍』，非也，軍謂持兵者。春秋襄二十五年，『吴子謁伐楚，門於巢卒』。何休曰：『吴子欲伐楚，過巢，不假塗，卒暴入巢門，門者以爲欲犯巢而射殺之。君子不責其所不知，故與巢得殺之。使若吴子自死，文所以强守禦也。書伐之，明持兵入門，乃得殺之。』

然則不持兵不得殺之明矣。雖群輩共入鄉邑及人家而格殺之，則殺之者不得無罪，以其不持兵也。苟持兵，豈必群輩而後殺之無罪哉？故不徒曰盜賊而又曰軍，所以正盜賊之名也。無故持兵入人之門，雖傷國君，猶若無罪，然春秋思患豫防之意深矣。渤海盜賊起，太守龔遂單車之官，移書屬縣，諸持鉏鉤田器者皆良民，持兵者乃爲盜賊。然則漢律亦然，不持兵者不爲盜也。」

莊存與周官説補：「王明齋曰：『盜賊贓犯既明，在軍若伍兩之長，在鄉邑若比閭之長，在家若至親，知而殺之；又如昏暮爲盜而所在殺之，皆不科罪，使無所容也。』」

司刑。掌五刑之灋。宮罪五百。

注：「宮者，丈夫則割其勢，女子閉於宮中，若今宦男女也。尚書大傳曰：『決關梁、踰城郭而略盜者，其刑臏；男女不義交者，其刑宮；觸易君命，革輿服制度，姦軌盜攘傷人者，其刑劓；非事而事之，出入不以道義，而誦不祥之詞者，其刑墨；降叛、寇賊、劫略、奪攘、撟虔者，其刑死。』此二千五百罪之目略也，其刑書則亡。鄭司農云：『漢孝文帝十三年，除肉刑。』」

惠棟九經古義：「疏云：『所赦者，唯赦墨、劓與刖三者，其宮刑至隋乃赦也。』尚書正義曰：『漢除肉刑，除墨、劓與刖三者，宮刑猶在，大隋開皇之初，始除男子宮刑，婦人猶閉於宮。』崔浩漢律序曰『文帝除肉刑，而宮不易』，張斐律注云：『以淫亂人族序，故不易也。』棟案，漢書晁錯對策曰『除去陰刑』，張晏曰『宮刑也』，則漢文亦除宮刑矣。或後仍復之。賈、孔之説蓋本崔、張。」

以五刑之灋詔刑罰。

注：「詔刑罰者，處其所應否，如今律家所署法矣。」

司刺。　壹宥曰不識，再宥曰過失，三宥曰遺忘。

注：「鄭司農云：『不識，謂愚民無所識則宥之。過失，若今律過失殺人，不坐死。』」玄謂：『識，審也。不審，若今仇讎當報甲，見乙，誠以爲甲而殺之者。過失，若舉刃欲斫伐而軼中人者。遺忘，若間帷薄，忘有在焉，而以兵矢投射之。』」

壹赦曰幼弱，再赦曰老旄，三赦曰蠢愚。

惠棟九經古義：「注云：『若今時律令，年未滿八歲，八十以上，非手殺人，他皆不坐。』」光武紀建武三年，詔曰：『男子八十以上，十歲以下，及婦人從坐者，自非不道、詔所名捕，皆不得繫。』」鄭氏孝經注云：『手殺人者大辟，即漢律所云不道也。』」

職金。　掌受士之金罰、貨罰，入于司兵。

注：「罰，罰贖也。書曰『金作贖刑』。」疏曰：「古出金贖罪，皆據銅爲金。既言金罰，又曰貨罰者，出罰之家時或無金，即出貨以當金直，「故兩言之」。」

司厲。　掌盜賊之任器、貨賄，入于司兵。

注：「鄭司農云：『謂盜賊所用傷人兵器及所盜財物也。入于司兵，若今時傷殺人所用兵器，盜賊贓，加責沒入縣官。』」疏：「加責者，即今時倍贓。」

其奴，男子入於罪隸，女子入於舂、稾。

惠棟九經古義：「注云，鄭司農云：『今之爲奴婢，古之罪人也。』玄謂：『奴從坐而沒入縣官者，男女同名。』高誘曰『漢律，坐父兄沒入爲奴』，魏志毛玠傳『漢律，罪人妻子沒爲奴婢，黥面』，說文曰

『男入罪曰奴，女入罪曰婢』，風俗通曰『古制本無奴婢，即犯事者或原之。臧者，被臧罪没入爲官奴婢；獲者，逃亡獲得爲奴婢也』。」

司圜。凡害人者，弗使冠飾，任之以事。

注：「鄭司農云：『若今時罰作矣。』」又，「鄭司農云：『圜謂圜土也，圜土謂獄城也。今獄城圜。』」又，「初學記曰：春秋元命苞『爲獄圜者，象斗運合』。宋均注云：『作獄圜者，象斗運也。』」又，「玉海：史記馮唐傳雲中守魏尚，『削其爵，罰作之』。」

孔廣森禮學卮言：「按，漢書音義蘇林曰：『一歲爲罰作，二歲刑以上爲耐。』」

惠士奇禮説：「司圜，『收教罷民。凡害人者，弗使冠飾而加明刑焉』。康成謂：『著墨幪，蓋古之象刑。』尚書大傳曰：『唐、虞象刑，上刑赭衣不純純，緣也，中刑雜屨，下刑墨幪，以居州里，而民恥之。』謂出圜土，居州里，民猶恥之，司圜職所謂『雖出，三年不齒』者也。慎子曰：『有虞之誅，以幪巾當墨，以草纓當劓，以菲屨當刖，以艾韠當宫，布衣無領當大辟。斬人肢體，鑿其肌膚，謂之刑；畫衣冠，異章服，謂之戮。』然則唐、虞之象刑，即司圜之『明刑』，『任之以事而收教之』，又異其章服以恥之。罷民猶罷士，亦曰惰遊。玉藻云：『垂緌五寸，惰遊之士。玄冠縞武，不齒之服。』蓋出圜土之罷民，所謂三年不齒者，則冠垂長緌；當其未出，則著墨幪焉。而慎子謂『以幪巾當墨』，則又不然。罷民役之司空，猶漢之城旦。黥面曰墨，墨而役之者黥爲城旦，不墨而役之者完爲城旦。著墨幪者，蓋完爲城旦者也。當黥者墨其額，不當黥者蓋墨其巾而已，非謂廢墨罪而以幪巾當之也。荀子不知其義，乃曰象刑『起於亂今』，悖矣。國以恥爲維，人以恥爲大，有恥而格爲良士，無恥而免爲幸民，故德道禮齊，象刑乃作。惰遊之士，沉浮民間，害於州里。所謂無業之人，嗜酤酒，好謳歌，巷游而鄉居者，而其罪未麗於五刑。康成謂『書其罪惡於大方版，著其背』，必不然矣。雖害於人，無大罪惡，不昏作勞，有似乎罷，於是坐之嘉石，入之圜土，役之辱事，以勞苦其體。墨其巾，長其緌，縞其武，服之以不齒之服，以發其羞恥之心。如是三年而猶不改，是靦然人面而爲禽，則殺之無赦。故曰『不能改而出圜土者，殺』。一說出者，解脱而出。漢律，『諸囚徒私解桎梏、鉗赭，加罪一等，爲人解脱，與同罪。』故義縱爲定襄太守，凡獄中重罪，有私入相視者，盡以爲解脱而殺之，則是不能改而出圜土者，漢律之所謂解脱也。然甯成抵罪髡鉗，解脱亡去，宴然家居，則漢律雖嚴，輕罪解脱者不殺，號爲網漏吞舟之魚。古律罷民罪輕，出圜土者殺，則象刑較漢律而尤嚴矣。先王以九職任萬民，欲使天下無一人無業，此象刑之所由作也。刑不虧體，罰不虧財，以爲如是可以止矣。不然，罷馬不畏鞭，罷民不畏法，雖增而累之，其無益乎！賈山曰：『陛下即位，赦罪人，憐其亡髮賜之巾，憐其衣赭書其背，父子兄弟相見也賜之衣。』然則著背之明刑起於秦、漢也。亡髮者賜巾，是髡者得加冠飾矣，蓋漢律之輕于古者如此。後漢鄭令甄邵諂事梁冀，『有同歲生得罪於冀，亡奔邵。邵陽納而陰以告冀，冀捕殺之。邵當遷爲郡守而其母死，乃埋屍馬屋，先受官而後發喪』。及冀誅，而河南尹李燮遇邵於塗，使卒投車溝中，笞捶亂下，大署帛於其背曰『諂貴賣友，貪官埋母』。乃具表其狀，遂廢錮終身。此康成所謂書其罪惡於背者也，然則漢之罪人衣赭者皆書背矣。」

掌戮。　殺其親者，焚之；殺王之親者，辜之。

注：「親，緦服以內也。焚，燒也。易曰：『焚如，死如，棄如。』辜之言枯也，謂磔之。」

惠棟九經古義：「注云：『辜之言枯也，謂磔之。』荀子正論云『斬斷枯磔』，注云韓子曰『采金之禁，得而輒辜磔』，辜即枯也。」

司隸。

注：「隸，給勞辱之役者。漢始置司隸，亦使將徒治道溝渠之役。」

野廬氏。　掌凡道禁。

注：「若今絶蒙大巾、持兵杖之屬。」疏：「古時禁書亡，故舉漢法而言也。」

司烜氏。　邦若屋誅，則爲明竁焉。

注：「玄謂：『屋，讀爲其刑剭之剭。剭誅，謂所殺不於市而適甸師氏者也。明竁，若今楬頭明書其罪法也。』」

李光坡周禮述注：「屋誅爲明竁者，蓋凡殺人，皆肆之三日，明暴其罪。今殺於甸師者，因不肆諸市，壙埋之，楬其罪於竁上。」

孔廣森禮學卮言：「案，明竁者，殺人瘞其屍而楬著之。漢書尹賞殺少年惡子，『瘞寺門桓東，楬著其姓名』，師古曰：『楬，杙也。』廣雅：『楬櫫，杙也』。蠍氏注有『楬櫫』。何並斷王林卿頭，置都亭下，署曰『故侍中王林卿坐殺人埋冢舍，使奴剥寺門鼓』，此即楬頭明書其罪法者。」

惠士奇禮説：「『司烜掌之，則罪人夜葬歟？』漢書尹賞爲虎穴，收捕輕薄惡少年，内穴中，皆死，出瘞寺門桓東，楬著其姓名。康成所謂楬頭即此。師古曰：『椓杙於瘞處，而書死者名也。』荀子曰『罪人之喪，不得晝行，以昬殣』，古之法也。然則罪人夜葬，漢法亦然矣。既葬而楬著罪名，立於其地焉，蓋與尹賞之事合。一説穿穴曰竈，喪國之社屋之。屋之者，掩其上而柴其下，使不得達上邦。若屋誅，司烜氏穿穴以通明，故曰明竈。蓋事畢，則仍撩之火秉明，故職在司烜氏。班固述哀紀曰『底剭鼎臣』，服虔曰周禮『有屋誅，誅大臣於屋下，不露也』。古者復穴，開上取明，謂之霤，明竈之義取諸此。」

條狼氏。誓大夫曰：敢不關，鞭五百。

惠士奇禮説：「虞書曰：『鞭作官刑，朴作教刑。』孔疏云：『周禮條狼氏誓大夫曰：敢不關，鞭五百。左傳有鞭徒人費、圉人犖、子玉鞭七人、衛侯鞭師曹三百。後來亦皆施用，及隋造律始廢之。』淮南子人間訓有『伏郎尹而笞之三百』，蓋起於戰國，近乎古之官刑。左傳又有齊莊公鞭侍人，賈舉、魯孟孺子鞭成有司之使，則是賤者，非士大夫。獨條狼氏有『誓大夫，鞭五百』之文，與曲禮『刑不上大夫』之言相反，於是學者疑周官非聖人之書，不知官刑與教刑虞書並舉。官有慢事，築以訊之；教或不率，朴以威之；象以典刑，自昔然矣。周公之爲師保也，使伯禽與成王處。成王有過，則撻伯禽以恥之。楚文王田於雲夢，三月不反，保申諫曰：『先王卜以臣爲保，吉。王罪當笞。臣承先王之命，不敢廢。寧得罪於王，不敢負先王。』王曰：『敬諾。』乃席王，王伏，保申束細荊五十，跪而加之王背。如此者再，曰：『君子恥之，小人痛之。恥之不變，痛之何益？』此教刑也。古者，雖天子必朝師，故國之至尊猶不廢笞，後世之言禮者乃謂『刑不上大夫』，豈其然乎？春秋，『大夫無遂事』，『出境可以安社稷，利國家者，則專之可』。劉向謂：『國有危而不專救者不忠，國無危而擅生事者不臣。』蓋以爲擅生事者，將有跋扈不臣之心，故條狼氏誓之以爲戒。若夫過誤之失，常人所容，懈慢爲愆，輒相提拽，乃至尚書解衣就格，人君自起撞郎，則吾未聞之於古。孔疏謂『鞭刑及隋而廢』，非也。隋文每杖人於廷，一日數四。高熲等切諫，乃令殿内去杖。後怒楚州行參軍李君才，命杖之，而殿内無杖，遂以馬鞭笞殺之，則隋亦未嘗廢也。唐開元二十四年，夷州刺史楊濬犯贓決杖，裴耀卿諫以爲決杖施於徒隸，不可加於高官。贖死雖優，受笞爲辱，恐百姓見之，忘其免死之恩，且有傷心之痛。而張説亦諫決杖貴臣，且謂張嘉貞曰：『宰相者，時來即爲，豈能常據？若貴臣可杖，恐吾輩行當及之。』是時秘書監姜皎、廣州都督裴伷先犯罪，嘉貞奏請杖之，故説云然。漢律有矯詔害，矯詔不害，害者死。條狼氏所謂『敢不關』者，矯詔害者也；不死而鞭，律輕於漢矣。如其不害漢律雖不害，猶免官，則專之可也，而又何關焉？武帝使吕步舒持斧鉞治淮南獄，以『春秋誼，顓斷於外，不請』。不請者，不關也。康成謂：『大夫自受命以出，則其餘事莫不復請。』然則命之顓斷，而後可以不關歟？穀梁子以爲，『大夫不廢君命，不專君命』。有君命而留之爲廢，無君命而遂之爲專，若是者刑茲無赦。是故冢宰八法，以官刑糾治；司寇五刑，以官刑糾職。條狼氏之誓也，所以糾之也。曰轘，曰殺，曰鞭，曰墨，是爲官刑，官刑糾官職修。抑又聞古之大夫，有坐干國之紀者，不謂之干國之紀，則曰『行事不請』，是掩其干紀之實，假以不關之名。此而不刑，國無紀也，國無紀必亡。』

小行人。　若國札喪，則令賻補之。

注，「鄭司農曰：『賻補之，謂賻喪家，補助其不足也。若今時一室二尸，則官與之棺也。』」[二]

[二] 按，此句後尚有「漢書灌夫傳：『漢法，父子俱有死事，得與喪歸。』夫奮曰『願取吴王若將軍頭，以報父仇』」一句，或是輯者補相關事例，暫删，附録於此。

左傳：文公十八年，在九刑不忘。

惠棟左傳補注：「按，九刑，謂刑書九篇也。周書嘗麥解所云『太史筴刑書九篇以升，藏之於盟府，以爲歲典』，此周作九刑之事也。案，其文云『毀則爲賊，掩賊爲藏，竊賄爲盜，盜器爲奸』。其後，李悝著法經六篇，始盜、賊，次網、捕，其亦師九刑之意乎？」

宣公三年。鄭文公報鄭子之妃曰陳嬀，生子華、子臧。

王念孫廣雅疏證：「服虔曰，『鄭子，文公叔父子儀也。報，復也，淫親屬之親曰報。漢律，淫季父之妻曰報。』案，報者，進也。樂記：『禮減而不進則銷，樂盈而不反則放，故禮有報而樂有反。』鄭注云：『報，讀爲褒。褒，猶進也。』報與烝皆訓爲進。上淫曰烝，淫季父之妻曰報，其義一也。」

成公二年。不得尸，吾不反矣。[一]

沈欽韓左傳補注：「御覽董仲舒決獄曰：『甲夫死未葬，法無許嫁。以私爲人妻，當棄市。』按，漢律，夫喪既葬始嫁，未葬而嫁爲不道。夏姬將適巫臣，故詭求襄老之屍。」

昭公六年。商有亂政而作湯刑。

惠棟左傳補注：「汲郡古文曰，『祖甲二十四年，重作湯刑。』祖甲賢君，止以改作湯刑，故云亂之。吕氏春秋孝行覽云，『商書曰：刑三百，罪莫大於不孝』，高誘曰：『商湯所制法也。』荀子正名篇曰『刑名從商』，康誥云『殷罰有倫』，蓋自祖甲以後刑始頗矣。」

[一] 按，此條後傳圖本有「義至求襄老之尸」一句，此句後另起一行有「寫完」二字，有删除符號，暫删。

周有亂政而作九刑。

惠棟左傳補注：「注：『周之衰亦謂之刑書，謂之九刑。』案，九刑者，刑書有九篇，成王時所造。見周書。周衰重作之，定爲成科，亦若祖甲之作湯刑也。」

昭公七年。楚芋尹無宇曰：「周文王之法曰：『有亡，荒閱。』所以得天下也。吾先君文王，作僕區之法，曰『盜所隱器，與盜同罪』，所以封汝也。」

注：「有亡人，當大蒐其衆；僕區，刑書。」服虔曰：「隱匿亡人之法。」

附録　清人漢律令輯校三種

漢律考

孫志祖

漢高入關，約法三章：殺人者死，傷人及盜抵辠。蠲削煩苛，與民更始。其後蕭何作律九篇，蓋因李悝法經六篇，而益以事律［興］、廄、户三篇；叔孫通益律所不及，爲傍章十八篇。此後世言例之始，然大略猶闊疏也。至武帝時，用張湯、趙禹之屬條定法令，作見知故縱、監臨部主之法，禁罔寖密，律令凡三百五十九章，大辟四百九條，千八百八十二事，死辠決事比萬三千四百七十二事見漢書刑法志。沿及東京，代有增損。盜律有賊傷之例，賊律有盜章之文，興律有上獄之法，廄律有逮捕之事。叔孫宣、郭令卿、馬融、鄭康成諸儒各爲章句見晉書刑法志，其書久佚。今世所存，唐律疏議猶有漢律遺意。予嘗欲取經史注及説文諸書之引漢律者，輯爲一書，而因循未就，今就記憶所及敍其梗槩如左：

書微子正義云：「漢、魏以來著律皆云，敢盜祭祀、宗廟之物，無多少，皆死。」周禮春官冢人注：「列侯墳高四丈，關内侯以下至庶人各有差。」大胥注：「大樂律曰：卑者之子不得舞宗廟之酎。除吏二千石到六百石及關内侯到五大夫子，先取適子高七尺續漢百官志注作

「五尺」以上，年十二到年三十，顏色和順、身體脩治者以爲舞人。」典路注：「漢朝上計律：『陳屬車於庭。』」疏云：「漢朝集使上計律法，謂上計會之法。」秋官朝士注：「無故入室宅廬舍、上人車船、牽引人欲犯法者，其時格殺之無辠。」疏云：「先鄭舉漢賊律。」案，此即今律所謂夜無故入人家，登時殺之，勿論也。司刺注：「過失殺人不坐死，又年未滿八歲、八十以上，非手殺人，他皆不坐。」庶氏注：「賊律曰：敢蠱人及教合者，棄市。」禮記內則注：「藙，煎茱萸也。漢律：會稽獻焉。」雜記下注：「棄妻，畀所齎。」左傳宣三年注：「淫季父之妻曰報。」公羊桓六年注：「立子姦母，見乃得殺之也。」莊十年、又昭三十一年注：「一人有數辠，以重者論之。」閔元年注：「親親得相首匿。」文十六年注：「無上、非聖人、不孝者，斬首，梟之。無營上，犯軍法者，斬要。殺人者，刎頭。」宣元年注：「行言許受賂。」襄七年注：「古者保辜，辜內，當以弒君論之；辜外，當以傷君論之。」疏云：「依漢律。」爾雅釋獸注：「捕虎一，購錢三千，其豿半之。」邵氏正義云：「此引漢律。周禮大司馬注：『誓曰：無干車，無自後射。』疏云：『此據漢田律而言。』」

漢書高帝紀注：「吏二千石有予告，有賜告。」又，「年二十三傅之，疇官各從其父疇學之。高不滿六尺二寸以下爲罷癃」。又，「四馬高足爲置傳，四馬中足爲馳傳，四馬下足爲乘傳。一馬二馬爲軺傳，急者乘一乘傳」。惠帝紀注：「有斗食、佐史。」又，「人出一算，算百二十錢，唯賈人與奴婢倍算。」文帝紀注：「三人以上無故羣飲酒，罰金四兩。」又，「律說：都吏，今督郵是也。閑惠曉事，即爲文無害都吏」。景帝紀：「定鑄錢、僞黄金棄市律。」又，注：「大逆不道，父母、妻子、同産皆棄市。」又，「律所謂矯枉以爲吏者也」。昭帝紀注：「諸當占租者，家長各以其物占，占不以實，家長不身自書，皆罰金二斤。没入所不自占物及賈錢縣官也。」又，「律所謂繇戍也」。又，「律説：卒踐更者，居也，居更縣中五月乃更也。後從尉律：卒踐更一月，休十一月也」。宣帝紀注：「律名爲復作也。」又，「非始封，十減二」。又，「［折竹以繩緜連禁籞，使人不得往來，］律名爲籞」。又，「囚以飢寒而死曰瘐」。成帝紀注：「丞相、大司馬、大將軍奉錢月六萬，御史大夫奉月四萬。」平帝紀注：「諸當乘傳及發駕置傳者，皆持五寸木傳信，封以御史大夫印章，其乘傳參封之。參，三也。有期會，累封兩端：端各兩封，凡四封也。乘置馳傳，五封也：兩端各二，中央一也。軺傳兩馬，再封之；一馬，一封也。」諸侯王表：「武作左官之律。」又，注：「律鄭氏説，封諸侯過限曰附益。」景武昭宣元成功臣表注：「矯詔大害，要斬。有矯詔害、矯詔不害。」又，「律説：出辠爲故縱，入辠爲故不直」。外戚恩澤侯表注：「諸爲人請求於吏以枉法，而事已行，爲聽行者，皆爲司寇。」百官公卿表注：「都水，治渠隄水門。」又，「司空，主水及辠人」。溝洫志注：「律説：戍邊一歲當罷；若有急，當留守六月。」又，「平賈一月得錢二千」。

吳王濞傳注：「春曰朝，秋曰請。」高五王傳贊注：「諸侯有辠，傳、相不舉奏，爲阿黨。」

申屠嘉傳注：「律有蹶張士。」淮南厲王傳注：「有皋失官爵，稱士伍。」汲黯傳注：「胡市，吏民不得持兵器及鐵出關。」又，「真二千石，月得百五十斛，歲凡得千八百石耳。二千石，月得百二十斛，歲凡得一千四百四十石耳」。杜延年傳注：「營軍司空、軍中司空各二人。」陳萬年傳注：「主守而盜，直千金，棄市。」趙充國傳注：「律所謂營軍司馬中也。」平當傳注：「稻米一斗得酒一斗爲上尊，稷米一斗得酒一斗爲中尊，粟米一斗得酒一斗爲下尊。」馮野王傳注：「吏二千石以上告歸、歸寧，道不過行在所者，便道之官無辭。」文選陸士衡謝平原內史表注作「無問」。又，「律施行無不得去郡之文」。薛宣傳：「鬥以刃傷人，完爲城旦。其賊加皋一等，與謀者同皋。」又，注：「以杖手毆擊人，剝其皮膚，腫起青黑而無創瘢者，律謂疻痏。遇人不以義爲不直。」翟方進傳注：「殺不辜一家三人爲不道。」揚雄傳注：「不爲親行三年服，不得選舉。」酷吏義縱傳注：「諸囚徒私解脱桎梏鉗赭，加皋一等；爲人解脱，與同皋。」匈奴傳注：「近塞郡皆置尉，百里一人，士史、尉史各二人，巡行徼塞。」又，「逗遛不進」，注：「律語也［，謂軍行頓止，稽留不進也］。」

以上律。

高帝紀注：「金布令曰：不幸死，死所爲櫝，傳歸所居縣，賜以衣棺也。」文帝紀注：「秩祿令：姬，內官也，秩比二千石，位次婕妤下，在八子上。」宣帝紀注：「令甲：死者不可生，刑者不可息。」哀帝紀注：「令甲：諸侯在國，名田他縣，罰金二兩。」平帝紀注：「令甲：女子犯辠，作徒如六月，顧山遺歸。説以爲當於山伐木，聽使入錢顧功直，故謂之顧山。」百官公卿表注：「品令曰：若盧郎中二十人，主弩射。」刑法志：「著令：年八十以上、八歲以下，及孕者、未乳，師、朱儒當鞠繫者，頌繫之。」又，「諸年八十非誣告、殺傷人，它皆勿坐」。又，「定令：年未滿七歲，賊鬥殺人及犯殊死者，上請廷尉以聞，得減死」。張釋之傳注：「宫衛令：諸出入殿門、公車司馬門者皆下，不如令，罰金四兩。」又，「乙令：蹕先至而犯者，罰金四兩」。霍光傳注：「高后時定令，輒有擅議宗廟者，棄市。」鮑宣傳注：「令：諸侯有制得行馳道中，行旁道，無得行中央三丈也。」何並傳注：「公令：吏死官，得法賻。」蕭望之傳注：「令郡國官有好文學、敬長上、肅政教者，二千石奏上，與計偕，詣太常，受業如弟子也。」孔光傳：「令：犯法者，各以法時律令論之。」

以上令。

後漢書章帝紀：「律云：掠者唯得榜、笞、立。」又，「十二月立春，不以報囚」。陳寵傳：「亡逃之科，憲令所急，通行飲食，辠致大辟。」注：「通行飲食，猶今律云『過致資給，與同辠也』。」孔融傳：「辠人交關三日以上，皆應知情。」續漢書禮儀志注：「酎金律，文帝所加，以正月旦作酒，八月成，名酎酒，因合諸侯助祭貢金。」又，「金布令曰：皇帝齋宿，親帥羣臣承祠宗廟，羣臣宜分奉請。諸侯、列侯各以民口數，率千口奉金四兩，奇不滿千口至五百口亦四兩，皆會酎，少府受。又大鴻臚食邑九真、交阯、日南者，用犀角長九寸以上，若

瑇瑁甲一；鬱林用象牙長三尺以上，若翡翠各二十，準以當金。」魏志毛玠傳：「罪人妻子没爲奴婢，黥面。」[二]

説文叙：「廷尉説律，至以字斷法，苛人受錢。」晉書刑法志：「令乙有呵人受錢。」呵與苛同。示部「祉」字注：「祠祉司命。」艸部「藙」字注：「會稽獻藙一斗。」亦見禮記内則注。竹部「箄」字注：「小筐也。」貝部「貲」字注：「民不徭，貲錢二十二。」舟部「舳」字注：「船方長爲舳艫。」豸部「貀」字注：「能捕豺貀，購百錢。」水部「潸」字注：「及其門首洒潸。」魚部「鮚」字注：「會稽郡獻鮚醬三斗。」女部「威」字注：「婦告威姑。」「婞」字注：「若律令傷人保婞也。」「姘」字注：「齊人與妻婢姦曰姘。」「姅」字注：「見姅變不得入祠。」糸部「綷」字注：「揚雄以爲，漢律：『祠宗廟，丹書告。』」「絩」字注：「綺絲數謂之絩，布謂之總，綬組謂之首。」「縵」字注：「賜衣者縵表白裏。」田部「疁」字注：「疁田茠草。」列女珠崖二義傳：「法，内珠入於關者死。」初學記：「漢律，吏五日得一休沐。」

[二] 按，此條三國志原有「漢律」云云，故孫氏輯佚之？

說文引漢律令考 庚寅

胡玉縉

蕭何草律，實本李悝，其來尚矣。嗣是晁錯、張湯、趙禹之倫，遞有增益。以故高帝之世，塵有九章。洎乎孝武，浮於三百。宣帝時，路温舒、鄭昌並各上疏；元、成之間，屢詔議減。正本清原，尚存二百。刑法一志，可覆案也。降及隋代，已就散佚。部主見知之例，事律興、廄之篇，渺不可見。洨長雖在東漢，猶睹其書；十五篇中，時時稱引，輒爲依次考證如左。好古之士，當有取焉。

示部：祉，以豚祠司命也。漢律曰：祠祉司命。

考曰：律即令。漢有祠令、祀令，見文帝紀、續漢祭祀志二注。其曰「祠祉司命」者，祭法注「今時民家，或春秋祀司命」，風俗通「今民間祀司命，刻木長尺二寸爲人像。［齊地大尊重之，］汝南餘郡亦多有，皆祠以䐗，率以春秋之月」，並足證「䐗」即「豬」，即許所謂「豚」。

艸部：蘱，煎茱萸。漢律：會稽獻蘱一斗。

考曰：内則「三牲用藙」，注：「藙，煎茱萸也。漢律：會稽獻焉。」是鄭所見與許同。藙者，蘱之隸變。正義引賀氏曰云云，蓋作之之法，或誤爲皇侃。又案，御覽九百四十一引漢書曰：「漢律：會稽獻鮚醬二升。蜂蝂之屬。」此必有衍誤。

走部：趆，距也。漢令曰：趆張百人。

考曰：史、漢申屠嘉傳「材官蹶張」，如淳曰：「材官之多力，能脚蹋强弩張之，故曰蹶張。律有蹶張士。」孟康曰：「主張强弩。漢令有蹶張士百人。」如、孟二家之「蹶」，即許之「趆」。蓋「趆」本當爲「𧽯」，從厥省聲。段氏以爲誤認蹶、𧽯爲一字，此似是而非，如、孟豈不識字者乎？

鬲部：鬲，鼎屬也。甌，鬲或從瓦。𤮍，漢令鬲，從瓦厤聲。

考曰：此與樂浪挈令「織」作「紅」同，玉篇「𨫼」或作「鬲」。從金者，因銅律造字。史滑稽列傳「銅歷爲棺」，索隱：「歷即釜鬲也。」足證其義。許克勤曰：「瓦䥶，見魏志。」

歺部：殊，死也。漢令曰：蠻夷長有罪當殊之。

考曰：史蘇秦傳「使人刺蘇秦，不死，殊而走」，集解云：「風俗通義稱，漢令『蠻夷、戎狄有罪，當殊』。殊者，死也，與誅同指。」裴氏此説，至爲精確。魏志陳群傳亦云，「漢律所殺殊死之罪」。段氏乃泥昭廿三年左傳、釋文，補「一曰斷也」四字，以此爲證斷義，謂「蠻夷有罪，非能必執而殺之」。不知斷與死本無兩義，其著爲令者，乃大夷夏之防耳。許克勤曰：「增韻『漢律，殊死爲斬刑』，並可證明此義。」

竹部：篁，笥也。漢律令：篁，小匡也。

考曰：「令」當爲「笭」，他處引未有二字連言者。[一] 下文云「笭，籯也」，或此笭、篁爲一名。段

[一] 按，胡氏將「漢律令」之「令」字從下讀，故有如此表述，恐未必確；此處仍連讀。

曰：「匡、簞皆可盛飯，而匡、筥無蓋，簞、笥有蓋，故小匡爲別一義」，亦通。

貝部：貲，小罰，以財自贖也。漢律：民不繇，貲錢二十二。

考曰：「二十二」當作「二十三」，段改是也。昭帝紀、光武紀二注引漢儀注曰「七歲至十四，出口錢，人二十，以供天子；至武帝時又口加三錢，以補車騎馬」，是其證。論衡謝短篇云「七歲頭錢二十三」，亦謂此。一切經音義引此作「漢律：民不傜貲」，蓋脱文。傜同繇。許克勤曰：「音義『又以貲爲郎』，此五字似亦漢律文。」

衣部：襄。漢令：解衣耕謂之襄。

考曰：襄字經傳並訓除，解衣即除衣也。夏小正「二月：往耰黍，禪」，傳「禪，單也」，蓋謂脱複衣禪。古人之耕，必二人爲耦。君奭「襄我二人」，周公謂與召公圖治，以耕喻也；猶上文「予往，暨汝奭其濟」，以舟喻；「乘茲大命」，以車喻。

舟部：舳，艫也。漢律：名船長方爲舳艫。

考曰：「長」當作「丈」，段説是也。史、漢貨殖傳「船長千丈」，索隱「按，積數長千丈」，師古注「總積船之丈數也」，然則「漢時計船以丈，每方丈爲一舳艫」。許克勤曰：「史平準書『船五丈以上一算』，船以丈計，此亦其證。」

髟部：𩭵，髮至眉也。髳，𩭵或省。漢令：有髳長。

考曰：牧誓有「羌、髳」之文，小雅「如蠻如髦」，傳曰「蠻，南蠻也。髦，夷髦也」，箋云「髦，西夷別名」，是知髦爲夷之一種，髦即髳也。段曰：「髳即𩭵字，而羌、髳字衹從矛。髳長見漢令。蓋如趙佗自稱蠻夷大長，亦謂其酋豪。」

豸部：貀，獸無前足。漢律：能捕豺貀，購錢百。

考曰：爾雅郭注：「律：捕虎一，購錢三千，其豽半之。」據集韻引漢律云云，與郭同，特無「一」字、「三千」作「三百」爲異，則知郭引是漢律。段曰「蓋亦沿漢律」，是誤以郭引爲晉律矣。

水部：湝，所以攤水也。漢律曰：及其門首洒湝。

考曰：史貨殖傳「洒削，薄技也」，「洒削」疑即「洒湝」一聲之轉。段曰：「謂壅水於人家門前，有妨害也。」然則「洒湝」猶曲防之比。

魚部：鮚，蚌也。漢律：會稽郡獻鮚醬二斗。

考曰：各本無「二斗」字。段據廣韻補，改「升」爲「斗」，是也，御覽九百四十一引亦誤「升」。其曰鮚醬者，地理志會稽鄞縣有鮚埼亭，師古曰「鮚，蚌也」云云，知會稽獻鮚醬，有由來矣。漢時又有蟹醬，周禮庖人注「若青州之蟹胥」，疏曰「鄭見當時有之」，是也。

女部：威，姑也。漢律曰：婦告威姑。

考曰：即爾雅之「君姑」也。古君、威合韻，説文艸部「莙，讀若威」，易革象「順以從君也」，與蔚爲韻；詩采芑「蠻荆來威」，與狁爲韻：並其證。廣雅釋親亦云：「姑謂之威。」

又，姘，除也。漢律：齊民與妻婢姦曰姘。

考曰：廣韻「齋與女交，罰金四兩，曰姘」，倉頡篇「男女私合曰姘」，桂未谷引此，謂「齊當爲齋，齋日不近女」，理或然也。果如是，則民當作日。漢時又有所謂「報」者，宣三年左傳注引「漢律：淫季父之妻曰報」，亦足證。

又，姘，婦人污也。漢律曰：見姘變，不得侍祠。

考曰：段云：「内則『夫齋，不入側室之門』，正此意。」桂云：「續漢禮儀志：『齋日内有污染，解齋。』」兩説以桂爲勝。漢書景十三王傳「有所避」，沈氏疏證云：「釋名：『以丹注面曰旳。』此本天子、諸侯群妾，當以次進御，其有月事者，止而不御。重以口説，故注此丹於面，灼然爲識。女史見之，則不書其名於第録也。」引説文「姘」云云。

糸部：織，作布帛之總名也。絨，樂浪挈令。織，從糸從式。

考曰：挈者，栔之假字，謂栔刻於板之令也。漢張湯傳有「廷尉挈令」，韋昭曰「在板挈也」，是其證。燕王旦傳又有光禄挈令。此云「樂浪挈令」者，樂浪郡名，謂郡守所奉之板令也。録之者，段云「如録漢令之鬲作歷」。余謂方言「趙、魏間呼經而未緯者曰機絨」。揚雄漢人，故亦承用挈令事。

又，繒，帛也。綷，籀文繒，從宰省。揚雄以爲：漢律，祠宗廟，丹書告。

考曰：甘泉賦「上天之縡」，「即郊祀丹書告神者」，特「從宰不省」耳。桂曰「禮説『丹圖者，丹繒也』」，王箓友引同。許克勤曰：「續漢祭祀志引漢祀令『衣有繒緹』，則漢令亦有『繒』字。」

又，絩，綺絲之數也。漢律曰：綺絲數謂之絩，布謂之總，綬組謂之首。

考曰：説文禾部「布八十縷曰稷」，稷即緫字。續漢輿服志「凡先合單紡爲一系，四系爲一扶，五扶爲一首」，此即綬組稱首之義。

又，縵，繒無文也。漢律曰：賜衣者縵表白裏。

考曰：太玄「袷襀何縵，文在内也」，或即取此爲象。春秋繁露制度篇「庶人衣縵」，乃别爲一義。許克勤曰：「鹽鐵論力耕篇『夫中國一端之縵，得匈奴累金之物』，此『縵』即無文衣也。」

又，緌，絆前兩足也。漢令：蠻夷卒有緌。

考曰：緌，即胥靡之胥。吕覽「傅説，殷之胥靡」，漢楚元王傳「二人諫，不聽，胥靡之」，師古曰「聯繫使相隨而服役之，故謂之胥靡」，此可悟「緌」字從糸之義。段泥「殊」下引「蠻夷長有罪，當殊之」，以爲應云「蠻夷卒有罪，當緌之」。殊不思緌者有罪服役之名，但云有緌，文義已明，何勞臆改？

田部：畱，燒穜也。漢律曰：畱田茠艸。

考曰：「茠」爲「薅」之或體。蓐即薅，下引詩「既茠荼蓼」；然則「畱田茠艸」，二者相爲濟。

自敘尉律：學僮十七已上，始試諷籒書九千字，乃得爲吏。又以八體試之，郡移太史并課。最者，以爲尚書史。書或不正，輒舉劾之。

考曰：尉律謂廷尉所守律令，徐楚金以爲「漢律篇名」，非也。藝文志：「漢興，蕭何草律，亦著其法，曰：『太史試學童，能諷書九千字以上，乃得爲史；又以六體試之，課最者以爲尚書御史史書令史。吏民上書，字或不正，輒舉劾。』」班史所言，與許大同小異，而可互相補正，段氏已詳哉言之。困學紀聞亦曰：「六體非漢興之法，當從説文敘，改『六』爲『八』。」

右漢律令二十三條，專就許引考之。餘如群經注、兩漢書注及唐人類書徵引，當亦不下數十條，容俟賡續。或謂漢律「諷籀書九千字得爲史」，許凡稱籀文，皆漢律中字。不知諷籀連文，謂諷誦而抽繹之。籀文者，史籀所作，即大篆。不然，籀文果漢律字，繒下何必兩見哉？可不辨而知其非矣。

晉書刑法志：「秦漢舊律，後人生意，各爲章句。叔孫宣、郭令卿、馬融、鄭玄諸儒章句，十有餘家，［家數十萬言。］覽者益難。天子於是下詔，但用鄭氏章句，不得雜用餘家。」據此許君引律，鄭亦嘗注律，其指一也。天子者，陳蘭甫謂魏明帝。癸巳七月廿四日記。

又，許自敘：「廷尉説律，至以字斷法。苛人受錢，苛之字止句也」。

説文解字引漢律令考

王仁俊

説文解字引漢律令考自敘

東漢大儒，首推許、鄭二君，皆博極群書，故三禮注、説文解字屢引律令。仁俊少耆許、鄭學，今先取許書所引，旁及他書所述，標列名目，略附古誼旾。漢律十七，漢令凡六，分爲二考。其許書兼稱律令者一條之確爲漢律，今列漢律。其許君雖未明引而證諸漢人所言，知確爲律令者，得律一條，令九條，亦分二考。稱附録者，疑事毋質，且示區别也。據孫刻大徐本爲主，其鍇本及他書所引異者，表别於下；采述前言，標列姓氏。若詿訛之譏，恐未免爾。

光緒庚寅六月朔，吴縣王仁俊籀許述。

說文解字引漢律考卷一

朝律

漢書藝文志考證引張斐律序「趙禹作朝會正見律」。俊案，朝會正見律，隋書經籍志云久佚。今輯許書引朝律事類者，述朝律考。

會稽獻藾一斗。一下艸部「藾」下漢律。

說解：「藾，煎茱萸。」禮記内則「三牲用藙」，注：「藙，煎茱萸也。漢律：會稽獻焉。」案，「藙」即「藾」之省變。疏引賀氏云：「煎茱萸，今蜀郡作之。九月九日取茱萸，折其枝，連其實，廣長四五寸，一升實可和十升膏，名之藙也。」案，十升猶言一斗，急就篇補注引賀説與皇侃説同。玉篇：「藾，煎茱萸也。漢令：會稽郡歲貢藙子一斗。」案，漢律誤引作漢令。

會稽獻鮚醬。十一下魚部「鮚」下漢律。

説解「鮚，蚌也」，引漢律云云。「鮚醬」下，鍇本有「三斗」二字，玉海漢制考引同鍇本。俊案，依「藾」下云「獻一斗」例，則鍇本爲長。段氏據廣韻補「二斗」二字。[二] 案，御覽九百四十一引正同廣韻。漢書地理志會稽郡鄞縣有鮚埼亭，顏注：「鮚，長一寸，廣二分，有一小蟹在其腹中。埼，曲岸

[二] 按，段氏補爲「二斗」，並特意言及，小徐本作「三斗」。王氏此處誤作「三斗」，徑改。

也，其中多鮚，故以名亭。」據此知鮚爲會稽土物，故獻也。又，顔注「鮚」字或作「蛣」。案，文選江賦「瑣蛣腹蟹」，注引南越志「瑣蛣，長寸餘，大者長二三寸，腹中有蟹子，如榆莢，合體共生，皆爲蛣取食」，是也。案，會稽在周初獻鼊，見逸周書王會解。漢獻鮚醬，猶之「荆州進鮺魚，青州進蟹胥」，鄭注周禮庖人，亦據當時之制而言耳。

綺絲數謂之絩，布謂之總，綬組謂之首。十三上糸部「絩」下漢律。

説解「絩，綺絲之數也」，絩數未聞。王氏筠曰：「算經『黄帝爲法，數有十等』，謂億、兆、京、垓、秭、壤、溝、澗、正、載。兆蓋即絩之省。」「總」與「首」者，俊友許君克勤曰：「逸玉篇引『總』作『椶』，『首』作『逆』。」竊謂「椶」當作「稯」，説文「布八十縷爲稯」可證。董巴輿服志「黄赤綬五百首，赤綬三百首」，凡綬皆稱首，「首」作「逆」誤。或曰「逆」即「縌」之省假。案，漢書王莽傳「一月之祿，十緵布二匹」，孟康曰：「緵，八十縷也。」「緵」之通「總」，猶「稯」之通「總」矣。續漢書輿服志：「乘輿黄赤綬五百首，諸侯王赤綬三百首，相國緑綬二百四十首，公侯、將軍紫綬百八十首，九卿、中二千石、二千石青綬百二十首，千石、六百石黑綬八十首，四百石、三百石、二百石黄綬六十首。凡先合單紡爲一系，四系爲一扶，五扶爲一首，五首爲一文。」是皆漢律之證。

賜衣者縵表白裏。十三上糸部「縵」下漢律。

説解：「縵，繒無文也。」王氏筠據玄應引，「繒」下補「帛」字。段氏曰：「引申之，凡無文者皆曰縵。左傳『乘縵』注：『車無文者也。』漢食貨志『縵田』注：『謂不甽者也。』」俊案，此皆假義也。太玄經「袷襀何縵，文在内也」，急就篇「錦繡縵紽」注「縵，無文帛也」，此皆無文之證，而急就篇注尤與玄應引許書合。太玄云「文在内」，正對表之無文而言。賜衣者，漢帝賜民間可服之衣。縵之爲物，或云即俗所謂素紬是也。春秋繁露「庶人衣縵」，據此知賜衣當屬賜庶人言。董子西漢人，述漢制正與許合。

又案，「絩」下「綬組謂之首」，自天子至卿大夫之等次，蓋朝會所用，因而並詳絩與總之制，並及庶人之縵，牽連而及。古書自有此例，故俊並隸之朝律焉。或曰漢書高紀臣瓚注引金布令一條，亦及賜衣；疑許此條所引，當在金布令篇。其説似矣，然賜衣條許明引漢律，疑事毋質，不敢入令篇也。

祠律

漢書文紀注引祠令。依漢制既有田令，又有田律之例詳下，則必有祠律可知，作祠律考。

祠祀司命。一上示部「祀」下漢律。

説解「以豚祠司命」，漢律云云。鍇本引漢律無「祠」字，韻會亦無，疑涉説解「祠」字而衍。周禮春官「槱燎祠司中、司命」，鄭注「司命，文昌也」；禮記祭法「司命」，注「今時民家或春秋祀司命」；史記封禪書「荆巫祠司命」；風俗通「今民間祠司命，刻木長尺二寸爲人像。汝南餘郡亦多有，皆祠以賭，率以春秋之月」。案，「賭」即「豬」之變文，與許所云「豚祠」者合；許書「豚」下云「持肉，以給祠祀」，可爲旁證。王氏筠曰：「言祠，則司命之禮，而祀則肇於漢。」俊案，正惟如此，而漢律之無「祠」字尤可信。又，桂氏以「漢有祠令」、「祀令」，疑「律」字當爲「令」。許君克勤曰：「説文女部『姅』下『侍祠』，糸部『綷』下『祠宗廟』，并稱漢律，桂説未確。」

見姅變，不得侍祠。十二下女部「姅」下漢律。史記五宗世家索隱引同。

説解：「姅，婦人污見也。」鍇本「污」下有「見」字，於義爲長。段氏云「内則『夫齋，不入側室之門』」，桂氏云「今謂之小産」，續漢禮儀志「齋日内有污染，解齋」。俊案，繹許君「見」字義，似指月事。楊慎曰「漢律，姅變謂月事也」，楊説是也。竊謂「見姅變」者，謂見有月事，變其容飾見釋名釋首飾，不得侍祠，此本義也。廣韻「姅，傷孕」，集韻「姅，裹子傷也」，此桂氏小産説所由來。因而有謂如俗忌入産婦房者，恐非許引律義。

王氏筠曰：「姅變，釋名謂之『月事』，神仙服食經謂之『月客』，或曰『天癸』、『桃花癸水』、『入月』。」

祠宗廟，丹書告。十三上糸部「繒」籀文「綷」下漢律。

説解「繒，帛也。綷，籀文繒」，揚雄以爲漢律云云，韻會引「告」下有「也」字。段氏曰：「甘泉賦『上太之綷』，即郊祀丹書告神者。」桂氏曰：「禮説『丹圖者，丹繒也』。」王氏筠説同。許君克勤曰：「逸玉篇『綷』，説文籀文『繒』字，『揚雄以爲漢律：宗廟祠，丹書告日也』，與今本異。續漢祭祀志注引漢祀令『衣以繒緹』，則漢令亦有『繒』字，惟子雲所見律『繒』作『綷』爲異。」俊案，家語禮運「瘞繒，宣祝嘏」，可爲漢律旁證。但許君引揚雄所述爲漢律，不敢據續志注入祠令也。

酎金律

續漢禮儀志注丁孚漢儀載酎金律，有以民口數酎金之言。此諸侯所以令民出貲乎？作酎金律考。

民不繇，貲錢二十二。六下貝部「貲」下漢律。

説解「貲，小罰，以財自贖也」鍇本無「也」字，漢律令云云。案，玄應音義十三引漢律「繇」作

「傜」，慧琳音義五十四引說文：「貲，小罰，以財自贖也。漢律：民不傜，貲。又以貲爲郎。」案，繇、傜同聲通假字，小徐本正作「傜」。但音義引「漢律：民不傜，貲。又以貲爲郎」，貲下奪「錢二十二」四字；至所引「以貲爲郎」，當亦漢律文。漢本有貲郎，如司馬相如亦以貲爲郎是也。「二十二」，段氏曰當作「二十三」。漢儀注：「人七歲至十四，出口錢，人二十，以供天子；至武帝時，又口加三錢，以補車騎馬。」見漢書昭紀、光武紀二注引。論衡謝短篇「七歲頭錢二十三」，「然則民不傜者，謂七歲至十四歲」，段說得之。

田律

周禮士師注引田律，可見漢代重農之意，作田律考。

瞜田茠艸。十三下田部「瞜」下漢律。

說解：「瞜，燒穜也。」晉書音義七十七引無「燒」字。王氏筠曰：「玉篇『瞜，田不耕燒種也』，廣韻『瞜，田不耕而火種』，月令『燒薙行水』，齊民要術『凡開荒山澤田，皆七月芟艾之，草乾即放火』，越絶書『吳北野胥主瞜者，吳王女胥主田也』，晉書殷浩傳『開江西瞜田千餘頃』。」俊案，漢書武紀詔曰「江南之地，火耕水耨」。案，「火耕水耨」即「瞜田茠艸」，故月令「燒薙行水，利以殺艸，可以糞田疇，可以美土疆」也。「茠」即「薅」之假字，故蓐部「薅」下引詩「既茠荼蓼」。蓋燒田即所以「茠荼蓼」，二者功用相濟，武帝之詔正漢律之切證。

水律

漢書兒寬傳載水令。依田律、田令漢代並列，則漢有水令明矣，作水律考。

及其門首洒浩。十一上水部「浩」下漢律。

説解「浩，所以攡水也」鍇本「攡」作「灑」，蓋誤，漢律云云。鍇本無「門首」二字，則不成文矣。段氏曰：「謂壅水於人家門前，有妨害也。」桂氏曰：「『洒削』即『洒浩』，史記貨殖傳『洒削，薄技也』。」據此，則「洒浩」蓋漢時語。俊友胡君玉縉曰：「『洒削』疑『洒浩』一聲之轉，然則『洒浩』猶曲防之比。」此説正與段、桂發明。

雜律

晉書刑志：漢律起自李悝，其輕狡、越城、博戲、假借不廉、淫侈踰制爲雜律。俊推廣其例，附以無所附者，作雜律考。

名船方長爲舳艫。八下舟部「舳」下漢律。

説解：「舳，舳艫也。」下「艫」云：「舳，舳艫也。」段氏曰：「『長』當作『丈』。史記、漢書貨殖傳皆曰『船長千丈』。索隱『案，積數長千丈』，師古注：『總積船之丈數也』。漢時計船以丈，每方丈爲一舳艫也。」段説是也。史記平準書「船五丈以上一算」，此正漢時船以丈計之證。許君克勤曰：「逸玉篇『舳』引説文『漢律：名船方丈爲艫也』，『舳爲』二字誤倒。」

能捕豺貀，購錢百。九下豸部「貀」下漢律。

説解：「貀獸，無前足。」案，爾雅釋獸郭注引律曰「捕虎一，購錢三千，其豹半之」。據郭所引，疑與許引爲一條；合讀之，意正相毋。集韻引「漢律：捕虎購錢三百，其豹半之。豹，熊虎子此四字是集韻轉釋律文「豹」字。」據集韻所引以校郭注，虎下無「一」字，「三千」作「三百」，此爲異耳，餘同，據此知郭所引明爲漢律。段氏謂「其沿漢律」，是以郭所引爲晉律矣，非也。説本胡君玉縉。

婦告威姑。十二下女部「威」下漢律。

説解：「威，姑也。」惠氏曰：爾雅「君姑，即威姑也」。桂氏曰：「威姑，君姑也。本書君讀若威，易『順以從君也』，與蔚爲韻；詩采芑『蠻夷來威』，與狁爲韻；逸周書『合閭立教，以威爲長』，以閭胥爲君也；釋親『舅姑在，則曰君舅君姑』。」案，桂説詳矣，唯許引漢律當是節引。竊疑律文當曰「婦告威姑，罪至殺無赦」。嚴婦告姑之條，所以警下犯上也。惟沈氏濤泥廣雅「姑謂之威」，謂律「姑」字衍文：既言威，不得復言姑。此説恐非。張揖訓姑爲威，正據漢律有「威姑」耳。若單稱威字，經典字書有釋爲姑者乎？

齊人予妻婢姦曰姘。十二下女部「姘」字下漢律。

説解「姘，除也」，漢律云云。鍇本「予」作「與」，與玉篇同。案，「予」「與」古通。桂氏曰：「齊當爲『齋』，謂齋日不近女。廣韻『齋與女交，罰金四兩，曰姘』，倉頡篇『男女私合曰姘』。」王氏曰：「依此説，則『人』當作『日』。」段氏又改「人」爲「民」，引淮南子齊民「凡人齊於民也」爲説。俊案，段説得之。許君廁「姘」於「婬，厶逸也」之下、「奸，犯婬也」之上，則其所引律必專主戒姦而言，必非主齋日言可知。「齊人」本當作「齊民」，避唐太宗世民諱，遂改作「人」，後竟無改正者，唯玉篇尚不誤。惠徵君曰：玉篇引作「齊民」，唐人避諱改，是也。廣韻十三耕「姘」下引倉頡「男女私合曰姘」，並不言及齋戒。許君説文解字多本倉頡，亦其一證。姘字從并，又取義於併，說文「姰，鈞適也，男女併也」。此之謂姘，雅言之則爲姰，俗言之即彼之併。晉志載雜律有淫踰制條，正指此類矣。若必改「齊民」爲「齋日」，則許君列「姘」字何不於「姅」字後乎？又案，漢律又有所謂報者。宣三年左傳注引「漢律：婬季父之妻曰報」，疑與此條當以類附，惜不可考矣。

篿，小筐也。五上竹部「篿」下引漢律令。

說解「篿，筥也」，漢律令云云。一切經音義引作「一曰小筐也」，沈氏濤遂疑漢令字有誤。俊案，此條確爲漢律，但許君節引，故不甚似。且十三上引「綺絲數謂之絩」云云，則漢律本有近訓詁者，愈可無疑矣。但篿之本義爲「筥」，「小筐」之訓蓋後一義。廣雅釋器「篿，筐也」，左傳哀二十年「一篿珠」，注「篿，小筥」，案「小筥」即「小筐」，古省爲匡。段氏謂篿即匡之小者，其說近之，然於許書究非本誼耳。唯他處所引，未有二字連言者。桂氏曰「『令』當爲『苓』」，案下文「苓，籯也」，或此苓、篿爲一名，說亦可通。

尉律

漢書昭紀注引尉律，而許書叙亦引尉律。鍇本注律篇名，知古有尉律篇矣因尉律爲叙引，不混入說解，列於末，作尉律考。

學僮十七已上鍇本作「以上」，始試諷籀書九千字，乃得爲吏。又以八體試之，郡移太史并課，最者以爲尚書史。書或不正，輒舉劾之。說文解字叙尉律。

段氏曰：「漢書藝文志：『漢興，蕭何草律，亦著其法，曰：太史試學童，能諷書九千字以上，乃得爲史。又以六體試之，課最者以爲尚書御史、史書令史。吏民上書，字或不正，輒舉劾。』」班史所言，與許大同小異。」王伯厚謂「律即尉律，廷尉治獄之律」，是也；但「六體」非漢制，當從敘作「八」。又，百官志治書侍御史「掌選明法律者爲之」，蓋即此尚書史也。俊案，董彦遠謝除正字啟曰「尉律四十九書」，書蓋已亡啓載困學紀聞小學。漢書昭紀注引尉律，而太平御覽刑法部引廷尉決事，則王伯厚謂「尉律即廷尉治獄之律」，是也。

廷尉説律，至以字斷法：苛人受錢，苛之字止句也。説文解字敘。

通典：陳群、劉劭等定魏律令云，「令乙有呵人受錢」。案，此即尉律之「苛人受錢，止句」者。王氏筠曰：「『句』當作『可』，言其訛『苛』爲『岢』，而以止可説之也。廣韻『岢，止也』，玉篇『岢，古文訶』。」許君克勤曰：「『苛』字魏變爲『呵』，漢或作『岢』。竊謂『岢』乃『苛』之誤，『苛』之正字當作『阿』，言阿附於人而受其錢也。陳群等謂與盜律受財枉法相數，其意可見。當時説律以爲字從止句，止其人而鉤取其錢，臆爲之説，故許辨之。廣韻尤用其説，過矣。段氏又有謂治人之責者，説亦非也。」俊案，許君克勤釋止句爲苛，最爲精確，今從之。

説文解字引漢令考卷二

宮衛令

漢書張釋之傳注引宮衛令，依其例作宮衛令考。

趆張百人。二上走部「趆」下漢令。

説解：「趆，距也。」俊案，史記申屠嘉傳集解引如注「律有蹶張士」，索隱引孟康曰：「漢令曰：蹶張士百人。」漢書申屠嘉傳如淳曰：「材官之多力，能腳蹋强弩張之，故曰蹶張。漢令有蹶張士百人。蹶，跳也。」孟康曰：「字皆作『蹶』，不作『趆』。」段氏曰：「如淳、孟康作『蹶張』，皆由誤認『蹶』、『𧾈』、『趧』爲一字耳。篇、韻皆曰『趧同𧾈』，正誤合之證。厥之省，不能作厗。」王氏曰：「段氏以爲誤認，是也；以厗而牽合之，非也。」俊案，説文「𧾈，蹠也」，與「蹶」爲同部字。「蹶，僵也。一曰跳也」，又「蹠」下「楚人謂跳躍曰蹠」，「跳」下「蹶也。一曰躍也」，竊謂「趆」與「𧾈」、「蹶」皆音義相近，不妨假用耳。

廷尉令

張湯傳有廷尉挈令，應劭傳有廷尉板令。今用其義，作廷尉令考。

蠻夷長有罪，當殊之。四下歺部「殊」下漢令。

説解「殊，死也。一曰斷也此四字段補。」，漢令云云。鍇本末多「市」字。王氏筠曰：「史記集解曰：風俗通義稱『漢令：蠻夷、戎狄有罪，當殊。殊者，死也，與誅同指』。」俊案，蠻夷長有罪，未必即能殺之，當依段氏訓爲斷；言外國有罪，則絶而不與通也。鍇本多「市」字者，段氏云：「此由張次立以鉉本改鍇本，誤以『市朱切』市字系殊下耳。」俊案，此説最確。或以刑人於市，當有市字。不知從殊絶之解，則市字自不可通。莊子釋文、史記集解、匡謬正俗、集韻、類篇引并同鉉本，可證。

蠻夷卒有顡。十三上糸部「顡」下漢令。

説解：「顡，絆前兩足也。」鍇本韻譜作「絆牛馬前足」，恐非。案，許所引當有奪文，應云「蠻夷卒有罪，當顡之」。

髳長。九上髟部「鬏」或體「髳」下漢令。

説解：「鬏，髮至眉也。」髳，云「漢令有髳長」。段曰：「髳即『鬏』字，而羌、髳字祇從矛。髳長見漢令，蓋如趙佗自稱蠻夷大長，亦謂其酋豪。」俊案，許此引亦節文，以「殊」下、「顡」下所引例之，疑當云「髳長有罪，則顡之」。不然，漢令豈不成文者？因附「殊」、「顡」二條後。

樂浪挈令

説文十三上引樂浪挈令，今表其名，作樂浪令考。

織，從糸從式。十三上糸部「⿰糸式」下。

説解：「⿰糸式，樂浪挈令：織，從糸從式。」鉉曰：「挈令，蓋律令之書也。」胡君玉縉曰：「方言『趙、魏間呼經而未緯者曰機⿰糸式』。雄，漢人，故亦承用挈令。」許君克勤曰：「逸玉篇『⿰糸式』，説文『樂浪挈令，織』字也。『挈』字改作『挈』。」

田令

後漢書黄香傳引田令，依例作田令考。

解衣耕謂之襄。八上衣部「襄」下。

許君克勤曰：「襄，除也。解衣而耕，即除衣而耕也。僞孝經孔傳民『脱衣就功，暴其肌體』，可與此

義相證。韻會引此，『耕』上有『而』字。」[二]

雜令

後漢書安紀元初五年詔曰「舊令制度，如有科品」。夫言科品，必有雜令矣，作雜令考。

𤮍，漢令鬲。三下鬲部建首漢令。

說解：「鬲，鼎屬也。實五觳，斗二升曰觳。象腹交文，三足。𤮍，漢令鬲。」後四字，鍇本無。案，許引漢令之「鬲」爲「𤮍」，猶樂浪挈令之「織」爲「𦀚」，據之以廣異文；斷章取義，而律令逸文賴以不亡。許君克勤曰：「𤮍或作歷、鑈、𨫼三形，銅歷即釜。鬲，見史記滑稽傳索隱，瓦鑈見魏志。玉篇『𨫼』或作『鬲』。」

說文解字載漢律考附録卷一

酎金律考見前。

賨，南蠻賦也。六下貝部「賨」下說解。

幏，南郡蠻夷賨布。七下巾部「幏」下說解。

[二] 按，此句引文似不確。「脫衣就功」爲僞孝經文；「暴其肌體」爲孝經文，僞孝經作「暴其髮膚」。

此解當本漢律。説文「賨」字列「貲」字之下，「貲」引「漢律：民不繇，貲錢二十二」，疑「賨」下亦當爲漢律文。後漢書南蠻西南夷傳曰：「槃瓠之後曰蠻夷。秦置黔中郡，漢改爲武陵。歲令大人輸布一匹，小口二丈，是謂賨布。」板楯蠻夷篇云「歲入賨錢，口四十」。此漢有南蠻賦之明證。但許書亦有奪文，當云「賨布，南蠻賦也」連篆文讀，許書自有此例，後漢西南夷傳章懷注引正如此。在本書又名「幏」，巾部：「幏，南郡蠻夷賨布。」因南蠻之賦名爲賨布，於是南蠻人遂可名賨人。王氏筠引通典「巴人呼賦爲賨，謂之賨人；崔鴻蜀録高祖爲漢王，募賨人平定三秦」，是也。

軍律

周禮秋官士師『五禁』注「野有田律，軍有囂讙夜行之禁」，疏曰「舉漢法以況之」。據此知漢有軍律矣，依例作軍律考。

符，信也。漢制以竹，長六寸，分而相合。五上竹部「符」下説解。

此亦漢律文。史記文紀：漢文帝二年九月，「初與郡國守相爲銅虎符、竹使符。」應劭曰：「銅虎符，第一至第五，國家當發兵，遣使者至郡國合符，符合乃聽受之。竹使符者，皆以竹箭，五枚，長五寸，鐫刻篆書，第一至第五」。周禮地官司關、掌節、使節「門關用符節」，注「今漢有銅虎符」，「符節者，如今宮中諸官詔符也。璽節者，今之印章也。旌節，今使者所擁節是也。將送者執此節以送行者，皆以道里日時課，如今郵行有程矣。以防容姦，擅有所通也。」疏曰：「符節已下，皆約漢法況之。」俊案，此皆漢有符信之明證，惟與許言六寸不甚合。惟史記孝文紀索隱引漢舊儀「銅虎符，發兵，長六寸；竹使符，出入徵發」，後漢杜詩傳詩上疏「舊制發兵，以虎符，其餘徵調竹使而已」，則許君言六寸當專指銅虎符而言。據後漢書稱應劭「定律令爲漢儀」，知二符明載於漢律矣。但應劭「定律令爲漢儀」，俊於符信條斷其爲律者，漢書汲黯傳臣瓚注「律，無符傳出入爲闌」可證也。以銅虎符專屬發兵，故隸軍律焉。

田律 考見前。

春分而禾生。日夏至，晷景可度，禾有秒。秋分而秒定。律數十二。十二秒而當一分，十分而寸，其以爲重，十二粟爲一分，十二分爲一銖。七上禾部「稱」下説解。

此解當本田律文。案，淮南子爲劉安諸客集，多述漢制。而主術訓曰「夫寸生於𥝩，𥝩生於日，日生於形，形生於景，此度之本也」，此與説解「日夏至，晷景可度，禾有秒」合。又，天文訓「秋分蔈定，蔈定而禾熟。律之數十二，故十二蔈而當一粟，十二粟而當一分」。淮南之「蔈」，即許書之「秒」，音近而義通；淮南之「粟」，即許書之「分」，義近而名別。惟許言「十分而寸」，淮南言「十二粟而當一寸」爲異耳。然淮南「十二粟」之「二」，疑涉上「十二蔈」而衍。何以明之？説苑爲劉向作，向所述亦必漢制。而説苑「以粟生之，十此下説苑乃脱一「二」字。宋書律志「十二𥝩而當一粟，十粟而當一寸」，可證。蔈爲一分，十分爲一寸」是也。自淮南衍一「二」字，説苑脱一「二」字，遂與許説異矣。然則「秒」即「蔈」也，標分即「粟」也，謂與許説同可也。又，天文訓「其以爲量，十二粟而當一分，十二分而當一銖」，即許言「其以爲重，十二粟爲一分，十二分爲一銖」也。但許書「重」字，當依王氏筠説作「量」，王氏引吕覽必已篇「以禾爲量」爲證。俊案，説文「科，程也，從禾從斗。斗者，量也」，知「爲重」必「爲量」之誤，核之本書可見。此條許書自「春分」至「一銖」，皆漢律文。斗量之細，雖載於律，當是漢人所習聞，故許君不引律文，然又恐後人之不識也，故末云「諸程品皆從禾」。惠半農曰「程品之語，出於漢律」，斯爲確證。

十髮爲程，十程爲分，十分爲寸。「程」下説解。

布之八十縷爲稯。「稯」下説解。

五稯爲秭。「秭」下説解。

二秭爲秅。「秅」下説解。

稻一秳，爲粟二十升。禾黍一秳，爲粟十六升大半斗。「秳」下説解。

俊案，漢書高紀或曰律曆志。「張蒼定章程」，如淳注「程者，權衡丈尺斗斛之平法也」，史記張丞相列傳「若百工，天下作程品」，據此知諸程品字皆律文也。以系部「綹」下引「漢律：綺絲數謂之綹，布謂之總」云云校之，知律文本有似訓詁者；且「布謂之總」，或曰即「布八十縷之稯」，尤爲可信。

辱，失耕時，封畺上戮之也。十四下辰部「辱」下説解。

説解：「辱，恥也。從寸在辰下。」失耕云云；又申明「失耕時」之義，曰「辰者，農之時也。故房星爲辰，田候也」。案，衣部「襄」下引「解衣而耕謂之襄」，爲漢勸農之令；則「失耕時，戮於封畺」，必漢警惰之令矣。「戮」，説文雖訓「殺也」，然引申之，戮猶訓責，猶誅訓殺，而亦爲責耳。

尉律考見前。

耏，罪不至髡也。九下而部「耏」下説解。

此本漢律也。漢書高紀「令郎中有罪耐以上，請之」，應劭曰「輕罪不至於髡，完其耏鬢」，史記索隱「漢令稱完而不髡曰耐」，漢書刑法志「諸當完者，完爲城旦」，此皆漢律之證。又，説解云「耐或從寸，諸法度字皆從寸」。據漢書高紀應注所引，知「法度之字從寸」出於杜林，然與禾部諸程品字皆從禾體例恰合，故可斷此條爲尉律文矣。他書引稱令者，律令二字析言則別，渾言則通也。

束縛捽抴爲臾。十四下申部「臾」下。

此亦尉律文。王氏筠曰：「束縛其人，捽持其髮而拖之也。自楊慎以史記『瘐死獄中』，爲當作此字。段氏用之，似於情事未合」。俊案，段從楊説是也。惠半農曰：「當是漢律庾病之瘐。」

雜律考見前。

傷人保㛊也。十二下女部，徐鍇引律令。

説解：「㛊，保任也。」鍇曰「若律令傷人保㛊也」，祁氏繫傳校勘記「保㛊，漢律作保辜」。然則漢律改「㛊」爲「辜」，故許君「㛊」下不載與？辜，辠也。傷人保辜，猶言殺人者抵耳。此條因非許引，退入附録。

俊又案，公羊傳襄公七年「鄭伯髡原卒於操」，何注「古者保辜，君親無將。見辜者，辜内當以弑君論之，辜外當以傷君論之」，孔疏「其弑君論之者，其身梟首，其家執之；其傷君論之，其身斬首而已，罪不累家。漢律有其事」。案，襄公二十五年「吴子謁伐楚，門於巢」，傳、注亦引保辜之律。漢書功臣年表昌武侯單德「坐傷人，二旬内死，棄市」，此漢有保辜律之切證。本朝律：「凡保辜者，責令犯人醫治。辜限内皆須因傷死者，以鬥毆殺人論；其在辜限外，及雖在辜限内，傷已平復，官司文案明白，别因他故死者，各從本毆傷法。」

説文解字載漢令考附録卷二

祠令

漢書文紀注引祠令，依其名作祠令考。

冬至後三戌臘祭百神。四下肉部「臘」下説解。

此許據祠令文。風俗通五行：「漢火行，衰於戌，故從戌爲臘。」

郯，河東臨汾地。即漢之所祭后土處。六下邑部「郯」下。

此亦祠令文。漢書武紀親祀后土於汾陰。

品令

漢書百官表注引品令，今輯言漢官者，作品令考。

漢有挏馬官，作馬酒。十二上手部「挏」下説解。

此據品令文。百官表有挏馬官，云取馬乳作酒。

公令

漢書何並傳注引公令，今以事涉公者作公令考。

今鹽官三斛爲一弮。七下巾部「弮」下説解。

此據令文。段氏曰：與「掊」下「[今鹽官入水取鹽爲掊]，皆漢時鹽法中語」。

今鹽官入水取鹽爲掊。十二上手部「掊」下説解。

此亦據令文。百官志注胡廣曰：「鹽官掊坑而得鹽。」

吏以餔時聽事者，申旦政也。十四下申部建首説解。

此據公令文。潛夫論論漢曰：「百姓廢農桑而趨府廷者，非朝餔不得通。」

樂浪挈令考見前。

鰅魚，出樂浪東暆。神爵四年，初捕收輸考工。十一下魚部「鰅」下説解。

此疑即樂浪令鰅魚之税，著爲令耳。許書屢言樂浪，「織，樂浪挈令，從糸從式」外，即以魚部言之，如䲐、鯜、䱡、魦、鱳，皆言出樂浪潘國，足證樂浪産魚之夥，故收輸著爲令，舉鰅以晐䲐諸名也。

田令

北道名禾主人曰私主人。七上禾部「私」下説解。

此疑田令文。徐鍇曰：「漢制，縣有蠻夷、北道。」

附録：漢律考證

俊案，通典刑門：司馬文王秉魏政，命賈充等定法律，「就漢九章增十一篇，仍其族類，正其體號，改舊律爲刑名、法例，辨囚律爲告劾、繫訊、斷獄，分盜律爲請賕、詐僞、水火、毁亡，因事類爲衛宫、違制，撰周官爲諸侯律，合二十篇，六百三十條，二萬七千六百五十七言」。

又案，唐六典曰：晉氏受命，「賈充等增損漢、魏律爲二十篇。一刑名，二法例，三盜律，四賊律，五詐僞，六請賕，七告劾，八捕律，九繫訊，十斷獄，十一雜律，十二户律，十三擅興律，十四毁亡，十五衛宫，十六水火，十七廄律，十八關市，十九違制，二十諸侯。凡一千五百卅條」。

俊又案，唐六典：魏氏受命，「乃命陳群等採漢律爲魏律十八篇，增漢蕭何律，劫掠、詐僞、毁亡、告劾、繫訊、斷獄、請賕、驚事、償贓等九篇也」。案，此與通典刑門所言大同小異，然漢律名目藉此考見，故録之。

俊友胡君玉縉曰：「蕭何草律，實本李悝。嗣是晁錯、趙禹、張湯之倫，屢有增益。故高帝世，厪有九章。洎乎孝武，浮於三百。宣帝時，路溫舒、鄭昌並各上疏；元、成之間，屢詔議減。正本清源，尚存二百。刑法一志，可覆案也。降及隋代，已就散佚。部主見知之律，事律興、廄之篇，渺不可見。」

胡君又曰：「或謂漢律『諷籀書九千字得爲史』，許凡稱籀文，皆漢律中字。不知諷籀連文，謂諷籀而抽繹之。籀文者，史籀所作，即大篆。不然，籀文果漢律字，繒下何必兩見哉？可不辨而知其非矣。」

俊友許君克勤曰：「李悝著律六篇，由來久矣。蕭何作律九章，自是厥後，前王所是著爲律，後王所是疏爲令，武帝時律令凡三百五十九章。洎乎成帝，大辟之刑千有餘條。律令煩多，百有餘萬言，此鄭昌、班固急欲删定者也。東漢馬、鄭諸儒，爲律章句者凡十有餘家；應劭删定律令爲漢儀；可見漢儒於當代律令無不習者。」

參考文獻

尚書傳，冯先思、周煦阳整理，商務印書館，二〇二三年（十三經漢魏古注叢書）。
毛詩箋，陈才整理，商務印書館，二〇二三年（十三經漢魏古注叢書）。
周禮注，石瑊整理，商務印書館，二〇二三年（十三經漢魏古注叢書）。
春秋公羊經傳解詁，吴迎龍整理，商務印書館，二〇二三年（十三經漢魏古注叢書）。
司馬遷史記，中華書局，二〇一一年（點校本二十四史精裝版）。
班固漢書，中華書局，二〇一一年（點校本二十四史精裝版）。
范曄後漢書，中華書局，二〇一一年（點校本二十四史精裝版）。
房玄齡等撰晉書，中華書局，二〇一一年（點校本二十四史精裝版）。
沈約宋書，中華書局，二〇一一年（點校本二十四史精裝版）。
趙爾巽等撰清史稿，中華書局，一九七七年。
黎翔鳳管子校注，梁運華整理，中華書局，二〇〇四年。
許維遹吕氏春秋集釋，梁運華整理，中華書局，二〇〇九年。

揚雄法言義疏，汪榮寶注疏，陳仲夫點校，中華書局，一九八七年。

揚雄太玄校釋，鄭萬耕校釋，中華書局，二〇一四年。

劉珍等撰東觀漢記校注，吴樹平校注，中華書局，二〇〇八年。

應劭風俗通義校注，王利器校注，中華書局，二〇一〇年。

孫星衍等輯漢官六種，周天游點校，中華書局，一九九〇年。

張傳官急就篇校理，中華書局，二〇一七年。

李林甫等撰唐六典，陳仲夫點校，中華書局，一九九二年。

杜佑通典，王文錦、王永興等點校，中華書局，一九八八年。

洪邁容齋隨筆，孔凡禮點校，中華書局，二〇〇五年。

王楙野客叢書，王文錦點校，中華書局，一九八七年。

王應麟漢制考，張三夕、楊毅點校，中華書局，二〇一一年。

徐天麟西漢會要，中華書局，一九五五年。

徐天麟東漢會要，中華書局，一九五五年。

馬端臨文獻通考，上海師範大學古籍研究所、華東師範大學古籍研究所點校，中華書局，二〇一一年。

李光坡三禮述注，乾隆八年（一七四三）刻本。

惠士奇禮説，皇清經解（學海堂本）。
惠棟九經古義，皇清經解（學海堂本）。
惠棟春秋左傳補注，皇清經解（學海堂本）。
莊存與周官説補，皇清經解續編（南菁書院本）。
段玉裁説文解字注，上海古籍出版社，一九八八年。
桂馥説文解字義證，中華書局，一九八七年。
孫志祖讀書脞録，嘉慶己未刻本（一七九九）。
吴翌鳳遜志堂雜鈔，吴格點校，中華書局，二〇〇六年。
孔廣森春秋公羊通義，皇清經解（學海堂本）。
孔廣森禮學卮言，張詒三點校，中華書局，二〇一七年。
孔廣森經學卮言，張詒三點校，中華書局，二〇一七年。
孫星衍尚書今古文注疏，陳抗、盛冬鈴整理，中華書局，一九八六年。
王筠説文解字句讀，中華書局，一九八八年。
俞正燮癸巳類稿，于石、馬君驊、諸偉奇校點，黄山書社，二〇〇五年。
沈欽韓左傳補注，皇清經解續編（南菁書院本）。
陳喬樅今文尚書經説攷，皇清經解續編（南菁書院本）。

薛允升讀例存疑重刊本，黄静嘉校編，成文出版社，一九七〇年。
薛允升唐明律合編，中國書店（影印退耕堂本），二〇一〇年。
薛允升唐明清三律彙編，田濤、馬志冰點校，黑龍江人民出版社，二〇〇二年。
奥村郁三編薛允升唐明律合編稿本，關西大學出版部，二〇〇三年。
劉光蕡（劉古愚）劉光蕡集，武占江點校整理，西北大學出版社，二〇一五年。
沈家本歷代刑法考，鄧經元、駢宇騫點校，中華書局，一九八五年。
沈曾植海日樓文集，錢仲聯編校，廣東教育出版社，二〇一九年。
吉同鈞樂素堂文集，中華書局，一九三二年。
胡玉縉許廎學林，王欣夫輯，中華書局，一九五八年。
姚永樸姚永樸集，嚴雲綬、施立業、江小角主編，方寧勝、楊懷志點校，安徽教育出版社，二〇一四年。
王仁俊倉頡篇輯補斠證·説文解字引漢律令考，光緒丁未刻本（一九〇七）。
閔爾昌纂録碑傳集補，燕京大學研究所，一九三二年。
程樹德漢律考，京師刻本（一九一八）。
程樹德九朝律考，中華書局，一九六三年。

後記　讀清人漢律令輯校三種書後

本書輯録的清人漢律令輯校三種，是孫志祖、胡玉縉、王仁俊之文。現簡要敘述諸人生平，並以王仁俊文爲例，略述其價值，權充全書後記。

孫志祖（一七三七—一八〇一），字詒穀，或作頤谷，浙江仁和人（今杭州）。乾隆丙戌年（一七六六），中式，任職西曹，後擢爲江南道監察御史；十年後，乞養歸鄉，杜門著書；嘉慶六年（一八〇一），掌紫陽書院，以疾卒。先生歸鄉後，得恣意讀書，偶有所得，隨筆疏記，此即讀書脞録（七卷）及續編（四卷）之由來。較之家語疏證、文選李注補正等書，此書「考論經子雜家，折中精詳，實事求是，不爲鑿空武斷之論，慤然如其爲人」。[一] 漢律考見於脞録卷六，有鑒於漢律亡佚之事實，孫氏本欲取經史注及説文輯爲一書；未如願，主要輯録史、漢正史所見律令佚文，對經傳及説

[一] 阮元孫頤谷侍御史傳，載孫志祖讀書脞録卷首。按，據孫氏序可知，是書初刻於嘉慶己未年（一七九九）；從潘世恩之序看，是書後又重刻，時在嘉慶十二年（一八〇七）或其後。

文所載實際亦有闕注。雖如此，與九朝律考所輯漢律條數幾相埒，可謂前所未見，但罕受關注。

胡玉縉（一八五九—一九四〇），字綏之，江蘇元和人。清末，元和併入吳縣，遂隸籍吳縣（今蘇州）。先生治學重在經，旁及子、史、碑版、輿地之學，著作尤爲人所熟知者，莫過於四庫全書總目提要補正。王欣夫輯先生著作有許廎學林一種，撰寫吳縣胡先生傳略一文，述先生生平、著述，不贅。[一] 說文引漢律令考文，即收録於該書。該文標題自注小字「庚寅」，似指撰文時間，時在光緒十六年（一八九〇）；文末有兩段文字，字體較正文小，自注「癸巳七月廿四日記」，時在光緒十九年（一八九三），似有所修訂而成定稿；六十餘年後始印行。此文輯録說文引漢律令二十三條，詳加考證；群經注疏、兩漢書注及唐人類書徵引之漢律令佚文，「當亦不下數十條，容俟賡續」。是否成文，已不可知。

王仁俊（一八六六—一九一三），字捍鄭，一字感蒓、幹臣，江蘇吳縣人。弟子闞鐸（一八七四—一九三四）曾撰吳縣王捍鄭先生傳略一文，略述王氏生平、著述，可參。[二] 對於王氏，學界多

[一] 王欣夫吳縣胡先生傳略，載胡玉縉許廎學林，王欣夫輯，中華書局，一九五八年，頁三—四。按，爲節省篇幅，凡稱引此文及說文引漢律令考者，不另出注。

[二] 按，關於闞鐸此文，或收録全文，或僅爲節略。玉函山房輯佚書續編三種附録二，以及遼文萃無冰閣本前所附，均爲全文，參見王仁俊輯玉函山房輯佚書續編三種，上海古籍出版社，一九八九年，頁五三五—五四四；王仁俊輯遼文萃，無冰閣本（年代不詳，約在民初），頁一A—五B。

重其文獻輯佚、考證之功，遼文萃、玉函山房輯佚書續編三種尤爲人稱道。關於敦煌文獻，王氏有敦煌石室真跡録，係國内關於敦煌文獻的最早著録；[一] 關於金石學，王氏雖被冠以金石學家，長久以來未見此領域著述，新近出版的上海圖書館未刊古籍稿本（十八至二十一册）中有王氏金石三編稿本八册，哈佛—燕京學社圖書館所藏籀許手校石刻正文（甲、乙集）、籀許金石跋等稿本四册，其金石學成就始漸爲人知。[二] 王氏著述甚豐，生前雖有刊行，但仍存稿本甚多。對此，倫明頗有感歎，「學綜九流書百種，儒林傳中獨遺伊」。[三]

王氏説文解字引漢律令考一文，撰成於光緒庚寅年（一八九〇），與倉頡篇輯補斠證合刊，約在光緒丁未年（一九〇七）；後又刊於國學月刊第一期、第二期，時在一九二六年，並標注「據稿本」。[四] 王氏此篇卷首有自敘，總述輯佚所獲，不見於國學月刊；正文分兩卷，有附録

[一] 王仁俊敦煌石室真跡録，收入中國西北文獻叢書編輯委員會編中國西北文獻叢書第八輯第一〇卷敦煌學文獻，蘭州古籍出版社，一九九〇年。按，是書分甲、乙、丙、丁、戊五録，戊録有附録，後又成己録，共六録、一附録；前五録及附録完成於宣統元年（一九〇九），己録成書於宣統三年（一九一一）。

[二] 陳尚君金石三編解題，上海圖書館未刊古籍稿本編輯委員會編上海圖書館未刊古籍稿本第十八册，復旦大學出版社，二〇〇八年，頁一九九—二〇四；又，哈佛—燕京學社圖書館所藏王氏稿本，參見 http://pds.lib.harvard.edu/pds/view/10301176?n=1&imagesize=1200&jp2Res=.25&printThumbnails=no。

[三] 倫明等撰辛亥以來藏書紀事詩（外二種），楊琥點校，北京燕山出版社，一九九九年，頁三四。

[四] 按，國學月刊所載，後收入説文解字研究文獻集成，不全，有卷上而無卷下，參見董蓮池主編説文解字研究文獻集成文本研究第八册，作家出版社，二〇〇七年，頁四五八—四六二。

二卷，未有漢律考證一節。

胡、王之作，是清代漢學風氣之延續，[一]也是讀説文之副産品。黄彭年（一八二四—一八九〇），字子壽，任江蘇布政使時，於蘇州創建學古堂，藏書數萬卷，於此人才淵藪之地，得士尤多，「章式之鈺、王捍鄭仁俊、胡綏之玉縉皆一時之選也」。[二] 黄氏治學，「不分漢宋，要以辨識文字爲先」，[三] 胡、王重小學也就理所當然了。以「許廎」爲遺書名，以「籀許」爲齋號，亦可見胡、王治學根柢。兩人有不少與小學或説文相關的論著，多數未刊，或已亡佚。[四]

王、胡爲同學，兼采胡及許克勤説，故以王文爲例，略説其文價值如下。

其一，對所輯條文進行編次、歸類，換言之，對漢律令的結構有所考慮。

[一] 史革新略論晚清漢學的興衰與變化，史學月刊二〇〇三年第三期，頁八六—九五。

[二] 盧弼許廎遺書序，載許廎學林，頁一。

[三] 張舜徽清人文集别録卷十九，陶樓文鈔，中華書局，一九八〇年，頁五二七。

[四] 按，胡氏有説文舊音補注一卷、補遺一卷、續一卷、改錯一卷，另有讀説文段注記、釋名疏證等逸稿。今所見釋名疏證補，存胡玉縉、許克勤校語；王欣夫所藏胡氏手校本中，尚見許克勤、王仁俊校語，故以爲王先謙「所取僅十一而已。又未采王校，則疑所見出自祝氏傳録，未必即據是本，故詳略大有不同」，参見吴縣胡先生傳略，許廎學林，頁四；劉熙釋名疏證補，畢沅疏證、王先謙補，祝敏徹、孫玉文點校，中華書局，二〇〇八年，頁三一九—三三三；王欣夫蛾術軒篋存善本書録，鮑正鵠、徐鵬標點，上海古籍出版社，二〇〇二年，頁四二九—四三一頁。王仁俊遺作有待進一步整理。倫明特意寫道，「聞説文諸稿本，歸徐菊人」，惜今已不可尋其蹤跡。王氏論著目録，参上引吴縣王捍鄭先生傳略，遼文萃，頁一A—五B；倫明等撰辛亥以來藏書紀事詩（外二種），頁三四—三六。

輯説文所見漢律令者不乏其人，但多無分類。許是有鑑於此，王仁俊别出心裁地將所輯條文歸入屬意篇目，如「會稽獻蘋一斗」、「會稽獻鮚醬」、「賜衣者縵表白裏」等，歸入朝律；對於無法歸類的，如「婦告威姑」、「齊人予妻婢姦曰姘」、「名船方長爲舳艫」，等等，一併歸入雜律。這是依據正史記載並推衍其例而來的。除將「婦告威姑」歸入囚律外，沈家本將其餘諸條亦視爲雜律之文。[一]

按，結合秦漢出土律令文獻可知，「婦告威姑」條，在張家山漢簡二年律令中見於告律，且「威姑」或當爲「威公」；[二]「齊人予妻婢姦曰姘」條，在胡家草場漢簡中見於臘律；[三]「賜衣者縵表白裏」條，「白裏」或爲「帛裏」之誤，在二年律令中見於賜律。[四]這三條因有出土文獻爲參照，可大致判定歸屬，卻不能否定王、沈論著價值；今日不過是比前人多看到些資料而已，但他們却將傳世文獻的記載幾乎網羅殆盡了。

其二，輯佚律令條文有所增加，對漢律或有較獨到之認識。

[一] 沈家本漢律摭遺卷六、卷八，載歷代刑法考，鄧經元、駢宇騫校點，中華書局，一九八五年，頁一四七六、一五一九—一五二〇、一五二八—一五二九。

[二] 張家山二四七號漢墓竹簡整理小組編著張家山漢墓竹簡〔二四七號墓〕：釋文修訂本，文物出版社，二〇〇六年，頁二七；王貴元張家山漢簡與「説文解字」合證——「説文解字校箋」補遺，古漢語研究二〇〇四年第二期，頁四六。

[三] 荊州博物館、武漢大學簡帛研究中心編著荊州胡家草場西漢簡牘選粹，文物出版社，二〇二一年，頁八〇、一九六。

[四] 張家山二四七號漢墓竹簡整理小組編著張家山漢墓竹簡〔二四七號墓〕：釋文修訂本，頁四八。

程樹德輯漢律條文約百八條，[一]這幾乎是傳世文獻所載漢律全部，但仍可據說文而增補數條。對說文「秙」下所載「稻一秙，爲粟二十斗」云云，王氏亦視爲律文。無獨有偶，此條正與睡虎地秦簡秦律十八種之「稻禾一石，爲粟廿斗」相印證；說文「粲」下所引，「稻重一秙，爲粟二十斗，爲米十斗曰毇，爲米六斗大半斗曰粲」，亦可與「舂爲米十斗；十斗粲，毀（毇）米六斗大半斗」相參照。[二] 漢律本是承襲秦律而來，許慎據之而引入說文；雖未明確標注爲漢律或漢令，據出土文獻判定爲漢律令文，應無大誤。王氏如此，早於王氏的惠士奇、惠棟父子亦如此，故惠氏讀說文記中云「程品之語，出於漢律」。[三] 王氏以爲說文「稱」「程」「稷」「秭」諸字所述「皆律文」，今尚無明證；從「秙」「粲」兩字看，或可備一說。

[一] 程樹德九朝律考卷一，漢律考三，中華書局，一九六三年，頁五二一—八五。

[二] 許慎說文解字注七篇上，段玉裁注，上海古籍出版社，一九八八年，頁三二八、三三一；睡虎地秦墓竹簡整理小組編著睡虎地秦墓竹簡，文物出版社，一九九〇年，頁二九—三〇；又參見王貴元張家山漢簡與「說文解字」合證——「說文解字校箋」補遺，古漢語研究二〇〇四年第二期，頁四六；鄒大海關於「算數書」、秦律和上古糧米計量單位的幾個問題，內蒙古師範大學學報二〇〇九年第五期，頁五〇八—五一五。按，睡虎地秦簡整理小組認爲，說文「粲」字所言有誤，當據秦簡校正。

[三] 惠棟惠氏讀「說文」記卷七，江聲補，續修四庫全書編輯委員會編續修四庫全書經部・小學類第二〇三册，上海古籍出版社，二〇〇二年，頁五〇八。按，此書雖標爲惠棟著，實則爲惠士奇、惠棟父子合撰，錢慧真對此有較詳細論述，參見「惠氏讀『說文』記」係惠士奇、惠棟父子所作，圖書館理論與實踐二〇一一年第二期，頁六五—六七、八三；王仁俊引及惠士奇、惠棟時，區分明白，亦可證錢文論斷可信。

基於「綺絲數謂之絩，布謂之總」、「篳，小筐也」等記載，王氏提出「知律文本有似訓詁者」或「漢律本有近訓詁者」的論斷。揣測其語，似指漢律中或存在與注説相近的文句，這也許即文獻中提及的「律説」。一般認爲，律説是爲疏通文意而作，獨立別行，但如王氏般簡明指出者似未見。類似事例，睡虎地秦簡法律答問中多見，如「不直」「縱囚」「犯令」「灋（廢）令」等。[一] 張家山漢簡有「劾人不審，爲失；其輕罪也而故以重罪劾之，爲不直」、「奴婢爲善而主欲免者，許之，奴命曰私屬，婢爲庶人」等條文，[二] 對「失」「不直」「私屬」「庶人」均有明確解釋，正可與王氏論斷相印證。二年律令所見「行金」「行錢」「免老」「睆老」，[三] 等等，也具有訓詁性質。律文所以有訓詁者，似意在清楚揭明律義。

其三，對説文諸家注疏及其他文獻有所補正。

比如，「祉」下辨析王筠、桂馥説之正誤，「姅」下考察桂馥説之由來，等等，不贅。王氏重申讀説文之例，即「連篆文讀，許書自有此例」。在考論「賨」下許慎語「南蠻賦也」時，王氏疑許書有奪文，以爲當云「賨布，南蠻賦也」，連篆文爲讀，並引後漢書西南夷傳章懷注爲例證。翻檢其他文獻可知，錢大昕已揭櫫「説文連上篆字爲句」；錢氏之

[一] 睡虎地秦墓竹簡整理小組編著睡虎地秦墓竹簡，頁一一五、一二六。
[二] 張家山二四七號漢墓竹簡整理小組編著張家山漢墓竹簡〔二四七號墓〕（釋文修訂本），頁二四、三〇。
[三] 張家山二四七號漢墓竹簡整理小組編著張家山漢墓竹簡〔二四七號墓〕（釋文修訂本），頁三五、五七。

前，孔穎達雖未拈出此例，已敏鋭注意到這種現象，並加以運用。[一] 王氏或未注意到錢、孔之説。

九朝律考羅列漢律條文中，有「會稽獻藾一斗」、「會稽獻葰」兩條。前者出自説文，後者見於禮記。漢律摭遺中，沈家本將兩條並列，統歸於「會稽獻藾一斗」下，未説原因。[二] 對此，胡玉縉、王仁俊均有論説。胡氏以爲「藾」爲「葰」之隸變，王氏以「葰」爲「藾」之省變，原因略同，字形雖有別而字義無不同。兩者實爲一條律文，説文、禮記有所節略而已，王氏又引玉篇證明之。從這個例子看，沈、程書並列當誤。

以上，簡要述説三文情況，並著重介紹王文價值，遺漏或失誤處恐仍有之。地不愛寶的時代，學界多着眼新史料，美其名曰「預流」。以今視古，或以爲漢律令文獻輯佚價值不大，僅在學術史方面略有意義而已。是否如此，細讀諸人輯佚之文，讀者當自有判斷。今迻録傅斯年對新舊史料之論述，結束此文：

必於舊史史料有工夫，然後可以運用新史料；必於新史料能瞭解，然後可以糾正

[一] 孫福國「五經正義」引「説文」研究，山東師範大學碩士論文（指導教師吴慶峰），二〇〇七年，頁三五—三六。

[二] 沈家本漢律摭遺卷八，載歷代刑法考，頁一五二八。

舊史料。新史料之發見與應用，實是史學進步的最要條件；然而但持新材料，而與遺傳者接不上氣，亦每每是枉然。從此可知抱殘守缺，深固閉拒，不知擴充史料者，固是不可救藥之妄人；而一味平地造起，不知積薪之勢，相因然後可以居上者，亦難免於狂狷者之徒勞也。[一]

補記：三審三校完畢，校理告一段落，一紀輪回。二毛之人，目視昏花，遺留問題肯定不少，不知有無機會改正。若無，就有待來者吧！

[一] 傅斯年史學方法導論，載歐陽哲生主編傅斯年全集第二卷，湖南教育出版社，二〇〇三年，頁三三五。按，「新史料之發見與運用，實是史學進步的最要條件」句，今日看來，未必準確。

圖書在版編目(CIP)數據

漢律輯存合校 /（清）薛允升輯録 ；張忠煒點校.
上海 ：上海古籍出版社，2024.7. -- ISBN 978-7-5732-1229-0

Ⅰ.D929.34

中國國家版本館 CIP 數據核字第 2024Z01S66 號

漢律輯存合校

（清）薛允升　輯録

張忠煒　點校

上海古籍出版社出版發行

（上海市閔行區號景路 159 弄 1-5 號 A 座 5F　郵政編碼 201101）

（1）網址：www.guji.com.cn

（2）E-mail：guji1@guji.com.cn

（3）易文網網址：www.ewen.co

上海展强印刷有限公司印刷

開本 890×1240　1/32　印張 6　插頁 13　字數 117,000

2024 年 7 月第 1 版　2024 年 7 月第 1 次印刷

ISBN 978-7-5732-1229-0

K・3643　定價：58.00 元

如有質量問題，請與承印公司聯繫

电话：021-66366565